FAITES JAILLIR VOTRE POUVOIR MAGIQUE

Chez le même éditeur :

Roger Gascon : *Protection instantanée*
Roger Gascon : *Suprême Puissance*
Roger Gascon : *Remèdes occultes contre le mal et le malin*
Roger Gascon : *Techniques secretes de projection astrale*
Henri Devère : *La Guérison au secret*
Henri Devère : *Grand recueil de secrets anciens*
Henri Devère : *Techniques secrètes de Magie Blanche*
Nicolas Almand : *Shungite, protection extrême*
Nicolas Almand : *L'Ascension vers la Lumière*
Nicolas Almand (Nathor) : *Conscience Divine*
Emile Sentier : Techniques secrètes de Magie Lunaire
Wolfgang Hahl : *Pierres de soins, Pierres de protection*
Karine Chateigner : *Le Nouveau Livre des Esprits*
Pierre-André Letemple : *Saint-Georges Prince des Lumières*
Tony Hogan : *Né pour Guérir*
Jack Angelo : *Le Grand Livre de la Guérison Spirituelle*
A.D. du Graal : *Des Mégalithes aux Cathédrales*
Sarah Wilson Estep : *Les Voix de l'Éternité*
Joachim : *Les 7 Portes de la Lumères*
Alexandre Poliokhine : *Merkabah, la Porte du Cosmos*
Alexandre Poliokhine : *Le Chœur des Puissances d'Hermès*

Pour tous renseignements concernant ces ouvrages,
vous pouvez nous écrire à :

EDITIONS LABUSSIÈRE
23 Place de l'Hôtel de Ville
B.P. 85
71700 TOURNUS
Tél : 03.85.27.03.80. - Fax : 03.85.27.03.81.

editions.labussiere@worldonline.fr
www.editions-labussiere.fr

MYA OM

FAITES JAILLIR VOTRE POUVOIR MAGIQUE

Traduction : Sylvie FAIDIT

Editions Alain LABUSSIERE
B.P. 85 – 71700 Tournus

AVERTISSEMENT de L'EDITEUR

Les pratiques, les techniques, les conseils décrits dans ce livre ne doivent en aucun cas être utilisés en remplacement de traitements médicaux. Ce livre n'essaye aucunement de porter un quelconque diagnostic, de recommander un traitement, d'établir une prescription en vue de traiter des maladies, des douleurs, des blessures, ou un problème de condition physique. Cet ouvrage est édité dans un but d'information. Il exprime une philosophie de la vie. Seul votre médecin traitant est habilité à prescrire un traitement médical. L'auteur et l'éditeur ne sont donc responsables en aucune manière d'une utilisation inconsidérée de cet ouvrage.

N° ISBN 978-2-84988-150-7

Corps, mental & esprit / Etudes de magie

Véritables pouvoirs magiques et leur utilisation

Pourquoi une sorcière qui pratique la magie écrit-elle un ouvrage intitulé L'antimanuel de magie ? Pour permettre aux adeptes de cet art de comprendre que l'enchanteur est la source même des pouvoirs magiques. Les exercices et techniques présentés dans ce guide vont vous aider à maîtriser les fondamentaux qui soutiennent tout bon travail de magie : attention ou concentration, volonté et énergie personnelles.

L'apprenti sorcier tout comme le maître en sorcellerie apprécieront cet ouvrage qui les guidera étape par étape pour leur apprendre à :

- Canaliser, diriger et diffuser l'énergie
- Définir clairement l'intention d'un enchantement
- Choisir des mots-déclencheurs comme raccourcis magiques
- Renforcer les pouvoirs d'un charme en le reliant à différentes formes d'énergie
- Créer et utiliser des constructions mentales
- Travailler avec les élémentaux

Une fois que vous aurez appris à maîtriser vos pouvoirs magiques, vous pourrez lancer des sorts puissants quand et où vous le souhaitez
– plus besoin de manuel !

Vous n'aurez plus jamais besoin d'un livre de magie !

Sorcière depuis toujours, Mya Om a été initiée dans l'Art de la magie en 1998, après avoir étudié à la fois la tradition dianiste et celle de la Wicca éclectique américaine. Elle est chroniqueuse pour Patheos.com d'une rubrique sur l'avenir du paganisme et auteur de « Energy Essentials for Witches and Spellcasters ».

INTRODUCTION

Devenir un bon sorcier ne requiert pas des compétences ou des pouvoirs exceptionnels. Je suis convaincue que si vous arrivez à maîtriser les concepts de base présentés dans cet ouvrage, vous réussirez à réaliser toute sorte d'enchantements (*). Nombreux sont ceux qui pensent que les sorts ou la magie n'est pas pour eux ; ils font référence à des sorts qui se sont retournés contre leur créateur, à des mécanismes qui ne fonctionnent pas ou bien à leurs propres doutes concernant la création d'enchantements. Je ne peux rien faire contre l'incrédulité : il est évident que si vous n'y croyez pas, vous n'obtiendrez aucun résultat. Si vous faites partie de la catégorie de gens pour qui les sorts ne fonctionnent pas comme prévu voire ne fonctionnent pas du tout, ce livre est fait pour vous. Mon seul objectif en écrivant cet ouvrage est de vous apprendre à devenir un sorcier à succès.

(*) En français le terme anglais « spell » a plusieurs acceptions : « charme, enchantement, sort, sortilège, magie... », que nous utiliserons indifféremment afin d'éviter les répétitions. (NdT)

On croit souvent à tort que, si un sort ne fonctionne pas, c'est parce qu'on a fait quelque chose de travers. Ce n'est pas toujours le cas ; vous pouvez avoir une technique irréprochable et obtenir cependant de mauvais résultats. L'enchantement est un savoir-faire que bien des sorciers ne comprennent qu'au bout de plusieurs années suivant leur intronisation dans cet Art. En temps normal, l'aspirant sorcier peut demander de l'aide à un enseignant ou à un maître en sorcellerie. En ce qui me concerne, j'ai été aidée par mon arrière-grand-mère et, plus tard, j'ai rencontré des personnes merveilleuses et pleines de sagesse qui ont bien voulu me conseiller. Mais tout le monde n'a pas ma chance. Il y a des gens qui, pour diverses raisons, n'arrivent pas à entrer en contact avec un aîné ou un mentor pour leur expliquer les rudiments.

Bien que la plupart des livres sur la sorcellerie présents sur le marché me paraissent intéressants, ils partent souvent du principe que le sorcier s'engage dans cette démarche avec, au minimum, une compréhension intuitive du fonctionnement de la magie. La plupart du temps, le lecteur doit se contenter d'un cours accéléré en visualisation. Les enchantements sont rédigés comme des recettes de cuisine et si, à première vue, ils semblent simples à suivre, la majorité de ces livres ne vous dit pas pourquoi certaines connaissances peuvent s'avérer nécessaires ni comment vous pouvez procéder sans l'aide du livre.

Le concept d'énergie est l'un des facteurs clés le plus souvent absent de ces ouvrages ; la méthodologie associée à l'art de la sorcellerie est également négligée. Les auteurs pensent peut-être que le lecteur sait déjà ce qu'il veut mais il se peut que la définition de vos besoins soit très différente de la mienne. Prenons l'exemple des mots « abondance » et « prospérité ». Dans la plupart des livres de magie, ces termes renvoient à des gains monétaires ou à une certaine sécurité financière. Mais si vous cherchez leur définition dans le dictionnaire, vous verrez que ces mots peuvent être interprétés de plusieurs façons. Le dictionnaire définit l'abondance comme une grande quantité de quelque chose et la prospérité comme l'état de quelqu'un ou de quelque chose se trouvant dans une situation favorable. Aucun de ces mots ne renvoie nécessairement à une notion de sécurité pécuniaire ou financière. Vous pouvez donc réussir à jeter un charme d'abondance et obtenir une abondance de moutons de poussière. Ou vous pouvez également réussir à lancer un sort de prospérité et obtenir un résultat prospère dans un domaine qui n'a rien à voir avec l'argent.

Prenons l'histoire d'Aladin, pas la version de Disney mais celle racontée dans *Les contes des mille et une nuits*, une légende arabe médiévale. Il existe de nombreuses versions de cette histoire mais il y en a une, si mes souvenirs d'enfance sont exacts, où le génie est un petit plaisantin. Quand il exauce les vœux d'Aladin, il respecte uniquement ce qui est écrit et non ce qu'Aladin a réellement en tête. Cette histoire nous enseigne que lorsque l'on travaille avec des forces surnaturelles, il faut être très prudent et communiquer exactement ce que nous voulons. Si c'est de l'argent, alors soyez précis dans votre formulation. Car il ne suffit pas de dire « je veux de l'argent » parce que les centimes d'euro sont aussi de l'argent.

L'objectif premier de ce livre est de vous enseigner à identifier ce que vous voulez ; le deuxième objectif est de vous apprendre à utiliser les différentes techniques de magie pour l'obtenir. Ce n'est pas toujours simple, travail et réflexion personnels sont nécessaires. Mais si vous fournissez les efforts adéquats, vous aurez des résultats immédiats. Au final, j'espère que vous comprendrez que les seules limites qui existent sont celles que vous vous imposez. Il n'est pas nécessaire d'avoir fait math sup ; on ne vous demande pas de comprendre la physique des particules ou la mécanique quantique pour réussir à lancer un sort. Pas besoin non plus d'être initié ou adepte d'une tradition particulière pour pratiquer la magie. Une fois que vous aurez compris les bases, vous pourrez capitaliser sur ces connaissances et y incorporer de nouvelles techniques pour lancer des enchantements toujours plus complexes. D'après ma propre expérience, cependant, les sorts les plus difficiles à fabriquer sont ceux qui ne nécessitent aucun outil et qui reposent sur le seul exercice de la volonté. C'est aussi l'objectif que tout sorcier doit poursuivre.

PROLOGUE : POUR LE NOVICE

Si VOUS LISEZ ce chapitre, c'est que vous êtes un vrai débutant dans l'art de la magie ou un pratiquant un peu plus avancé qui cherche à combler ses lacunes ou qui est curieux de voir les techniques présentées. Dans tous les cas, bienvenue à vous. Dans ce chapitre, nous allons nous concentrer sur trois compétences de base nécessaires pour comprendre le reste de ce livre. Si vous êtes nouveau dans la pratique, ces compétences sont importantes à acquérir que vous décidiez ou non d'utiliser les autres techniques présentées. Ces trois compétences sont les suivantes :

Les bases de la visualisation

Comment se relier à l'énergie en ouvrant ses chakras (centres d'énergie) et comment diriger l'énergie à travers chacun de ces points

Comment se protéger dans la magie et en toutes circonstances

Comme dans le reste de cet ouvrage, nous mettrons l'accent sur des compétences pratiques, des techniques concrètes et des exercices conçus pour vous aider à apprendre et à maîtriser ces savoir-faire pour que vous puissiez les appliquer concrètement. A l'intérieur de cet ouvrage, aucune compétence abstraite. Toutes peuvent être utilisées dans les rituels et les pratiques d'enchantement afin d'augmenter l'efficacité de votre pratique et de vous aider à atteindre le but recherché.

Au milieu des années 90, je suis tombée sur un livre de magie. Comme vous, j'étais une vraie novice en la matière et je recherchais de l'aide pour maîtriser mes talents naissants. Ce que je reçus à la place fut une introduction d'une page sur la visualisation et plus de 300 pages de sorts. Plusieurs heures de lecture plus tard (et 15 dollars de moins dans ma poche), je n'étais pas plus avancée dans ma compréhension des pratiques de cet art que lorsque j'avais ouvert ce livre. Je souhaite réellement vous fournir un premier livre qui vous permettra d'améliorer vos compétences au fur et à mesure de votre pratique. Le mot clé ici c'est la pratique. Je pourrais vous donner les théories de base que vous assimilerez à un niveau intellectuel mais tant que vous n'aurez pas fait concrètement les exercices et que vous n'aurez pas essayé de maîtriser ces savoir-faire, vous ne pourrez pas réellement saisir les mécanismes de cette technique.

La première question à se poser est la suivante : qu'est-ce que la visualisation ? Je répondrai simplement que la visualisation est une image ou une série d'images que l'on peut créer ou inventer en fermant les yeux et en pensant à une personne, un endroit, un objet.
Comment cela fonctionne-t-il ? D'un point de vue pratique, il suffit de fermer les yeux et de prendre quelques instants pour penser à l'objet que l'on veut visualiser.

EXERCICE 1 du prologue
Visualisation de base

Il faut :

2-5 minutes

Un objet sur lequel vous concentrer, une pomme par exemple

Placez l'objet devant vous et regardez-le pendant une minute. Mémorisez sa forme, sa taille et sa couleur.

Maintenant fermez les yeux et imaginez que cet objet est devant vous. Essayez de le recréer mentalement. Essayez d'en percevoir la forme générale ; ce peut être le contour sombre, la silhouette de l'objet. Puis ajoutez des détails comme sa taille, sa couleur, sa position.

Si vous êtes novice en technique de visualisation de base, vous devrez peut-être répéter cet exercice plusieurs fois. Avant de passer à l'étape suivante, assurez-vous de pouvoir créer une image mentale acceptable de l'objet que vous essayez de visualiser, en quelques minutes. Cette image sera peut être floue et les détails imparfaits mais efforcez-vous d'en percevoir au moins la forme générale et la couleur.

Cet exercice est une introduction très sommaire au pouvoir de visualisation. Comme vous l'avez appris durant cet exercice, visualiser c'est essayer de recréer quelque chose mentalement à partir d'un point de référence visuel. Dans ce premier exercice, vous avez appris à recréer quelque chose que vous veniez de regarder, mais que faire quand l'objet que l'on essaie de recréer n'est pas disponible ? Dans ce cas-là, vous devrez le faire de mémoire.

EXERCICE 2 du prologue
Visualisation de mémoire

Il faut :

10-15 minutes par jour pendant une semaine

Un objet de concentration (vous pouvez utiliser celui mentionné dans l'exercice 1 du prologue)

Prenez une ou deux minutes pour étudier cet objet et le mémoriser. Comme dans l'exercice p. 1, essayez de retenir toutes ses caractéristiques. Une fois que vous avez fait de votre mieux pour mémoriser la forme, les dimensions et la couleur de l'objet, rangez-le à l'abri des regards. Après 5 minutes, fermez les yeux et essayez de recréer l'objet de mémoire comme vous l'avez fait lors de l'exercice 1 du prologue. La fois d'après, attendez 10 minutes et allez jusqu'à 15 minutes à mesure de votre pratique.

La plupart des enchantements et rituels exigent des compétences qui vont au-delà de la simple visualisation. Le travail de magie, en particulier, nécessite la maîtrise de compétences supplémentaires appelées visualisation créative. La visualisation créative utilise les bases de la visualisation mais à un degré supérieur. Il faut pour cela placer l'objet à visualiser dans le contexte général du travail que l'on veut accomplir. Il faut non seulement visualiser cet objet mentalement mais travailler avec de façon à l'adapter à l'objectif poursuivi.

EXERCICE 3 du prologue
Introduction à la visualisation créative

Il faut :

15-25 minutes

Un objet de concentration (vous pouvez utiliser le même que pour les exercices 1 et 2 du prologue)

Commencez par suivre les étapes exposées dans l'exercice 2 du prologue. Une fois que vous avez créé l'image mentale, au lieu de dupliquer exactement l'objet de concentration, apportez-y quelques changements. Commencez par en changer la couleur. Puis, modifiez la taille pour le rendre plus petit et puis plus grand que l'objet réel.

Ensuite, essayez de ne visualiser qu'une partie de l'objet, par exemple, le côté droit. Finalement, essayez de voir l'objet qui disparait. Pour ce faire, imaginez-le devenir de plus en plus flou jusqu'à ce qu'il disparaisse totalement de votre image mentale et que vous ne voyiez plus rien.

Pratiquez ces variantes l'une après l'autre puis toutes à la fois jusqu'à arriver à transformer un objet mentalement.

Maintenant que vous possédez les bases de la visualisation créative, il est temps de les mettre en pratique. La visualisation créative peut se produire à deux moments d'un travail. Regardez l'exemple ci-dessous pour essayer de déceler à quel moment elle intervient.

Enchantement type

Objectif :

- Obtenir un nouveau travail

Objet utilisé :

- Une copie papier d'un CV mis à jour
- De la poudre de perlimpinpin

Etapes :

- Chargez votre CV avec l'intention qu'il impressionnera favorablement la personne qui le lira.
- Chargez la poudre de perlimpinpin avec l'intention que la personne destinataire de ce courrier se souvienne de vous d'une manière positive.
- Versez un peu de poudre sur votre CV avant de l'envoyer. En même temps, concentrez-vous sur la/les personne(s) destinataire(s) et visualisez la manière dont le sort va fonctionner sur elle(s).
- Quand vous vous rendrez à l'entretien, versez un peu de poudre sur vos mains et concentrez-vous de nouveau sur l'intention de votre démarche.

Ce charme est une version modifiée d'un enchantement emprunté de mon livre des ombres. J'utilise de nombreuses variantes des techniques que nous venons de présenter avec d'excellents résultats. Prenez le temps de réfléchir au moment précis où la technique de visualisation créative entre en jeu et vérifiez l'exactitude de votre travail en observant le schéma suivant.

Enchantement type

Objectif :

- Obtenir un nouveau travail

Objets utilisés :

- Une copie papier d'un CV mis à jour
- De la poudre de perlimpinpin

> Charger un objet nécessite un travail de visualisation ; voir l'exercice 2.7 (page 77).

Etapes :

- Chargez votre CV avec l'intention qu'il fera bonne impression sur la personne qui le lira.
- Chargez la poudre de perlimpinpin avec l'intention que la personne destinataire se souvienne de vous d'une manière positive.
- Versez un peu de poudre sur votre CV avant de l'envoyer. En même temps, concentrez-vous sur la/les personne(s) destinataire(s) et visualisez la manière dont le sort va fonctionner sur elle(s).

> Se concentrer sur une tierce personne que vous n'avez pas encore rencontrée représente un type de visualisation des plus créatifs.

- Quand vous vous rendrez à l'entretien, versez un peu de poudre sur vos mains et concentrez-vous de nouveau sur l'intention de votre démarche.

> Renforcer l'intention de la démarche avant l'entretien fait appel à la visualisation.

Maintenant que vous avez compris les bases de la visualisation créatrice et la façon de maîtriser cette compétence dans une pratique magique, il est temps de tester vos capacités de visualisation et de commencer à maîtriser les prochaines compétences présentées dans ce chapitre : apprendre à se relier à l'énergie, comment ouvrir ses chakras et comment élever l'énergie. Ces nouveaux savoir-faire vous permettront de mieux comprendre le chapitre 2 où nous discuterons plus en détails du travail énergétique.

Il nous faut, tout d'abord, localiser exactement l'emplacement des centres d'énergie sur le corps. Les centres d'énergie ou chakras, comme on les désigne dans la tradition religieuse orientale, sont des points du corps situés grosso modo au même endroit pour tous les individus. Il existe sept centres d'énergie principaux alignés le long de la colonne vertébrale et deux plus petits localisés dans les paumes de main. Il en existe également d'autres plus petits situés sur le corps, mais nous parlerons principalement ici des deux centres situés dans la paume des mains qui permettent de diriger l'énergie lors du travail de magie.

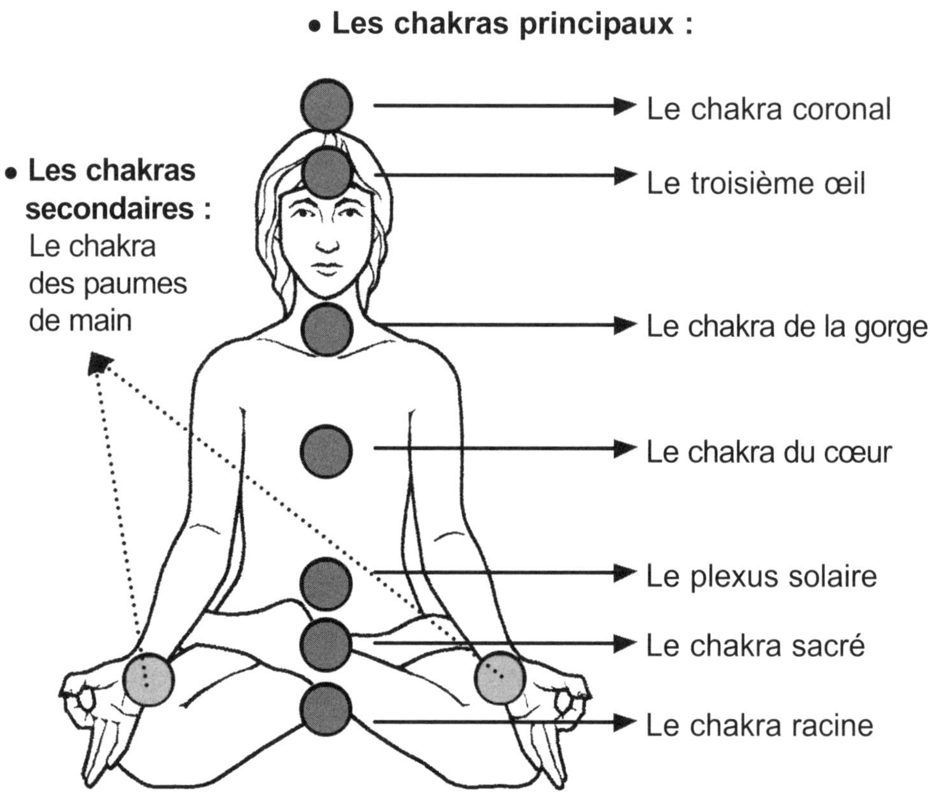

Figure A : **LES CHAKRAS**

Dans le cadre de ce livrc, sachez seulement que tout le monde possède des centres d'énergie le long du corps chargés de contrôler le courant énergétique. Il est important de connaître la position exacte de ces chakras et d'apprendre à s'y relier pour canaliser l'énergie dans chacun de ces centres. Les trois prochains exercices vont vous aider dans ce travail : dans l'exercice 4 du prologue, vous utiliserez un pendule pour localiser vos chakras ; dans l'exercice 5 du prologue, vous apprendrez à vous relier à chacun des chakras et, finalement, avec l'exercice 6 du prologue, vous apprendrez à les équilibrer et à les nettoyer.

EXERCICE 4 du prologue
Localiser ses chakras

Il faut :

10 minutes

Objets utilisés :
- Un pendule
- Une copie de la figure A

Prenez quelques instants pour vous familiariser avec la place des chakras indiquée sur le schéma. Vous pouvez faire cet exercice seul ou avec un partenaire. Prenez le pendule dans votre main dominante (si vous êtes droitier, ce sera la main droite et la gauche si vous êtes gaucher).

Commencez par les chakras secondaires, ceux situés dans la paume des mains. Tenez le pendule par la chaîne, placez-le au-dessus de votre paume sans la toucher et faites-le osciller. Vérifiez que la chaîne est bien tendue et laissez le pendule se déplacer librement. Essayez de garder le poignet immobile pendant tout le processus.

Après quelques instants, vous ressentirez peut-être de petits picotements à chaque fois que le pendule passera au-dessus du chakra de la paume. Vous remarquerez peut-être aussi que le pendule s'arrête complètement et se met à vibrer dans le centre exact de vos paumes à l'endroit présumé du centre d'énergie. En ce qui me concerne, j'éprouve généralement une petite sensation à partir de ce chakra qui confirme que je suis au bon endroit. Ne vous inquiétez pas si vous ressentez des picotements ou une sensation de chaud ou de froid pendant que le pendule oscille et se relie au centre d'énergie.

Répétez ce processus pour chaque chakra, en commençant par le chakra coronal et en descendant vers le chakra racine.

Remarque : Si vous êtes un émetteur à fort pouvoir énergétique ou si vous avez travaillé sur vos énergies avant d'entreprendre cet exercice, il peut arriver que le pendule décrive de larges cercles autour d'un chakra. C'est le signe que vous émettez une forte charge énergétique à ce moment précis et que votre chakra est très ouvert. J'ai également remarqué que pour les personnes qui perçoivent le monde des esprits ou l'énergie ou bien encore qui pratiquent la médiumnité, le pendule réagit fortement soit au niveau du chakra coronal ou à celui du troisième œil, et parfois aux deux à la fois.

EXERCICE 5 du prologue
Se relier aux chakras

Il faut :

10 minutes

Fermez les yeux. Faites le vide dans vos pensées et contrôlez votre respiration en prenant de profondes inspirations par le nez et en expirant par la bouche. Concentrez-vous sur le corps et relâchez toutes les tensions internes, surtout celles localisées dans la région du dos et des épaules.

Portez votre attention sur le sommet du crâne et sentez le chakra coronal s'ouvrir. Percevez l'énergie ressentie à cet endroit ; vous avez peut être une sensation de chaleur, des picotements. Restez connecté, l'énergie ruisselle vers le milieu du front, ressentez l'ouverture de ce chakra. Ressentez l'énergie à cet endroit ; c'est peut-être une sensation de fraîcheur, une pulsation. Restez connecté et descendez vers le bas de la gorge, au niveau de la boîte vocale et sentez l'ouverture de ce chakra. Ressentez l'énergie, subtile, vibrante. Suivez cette connexion qui ruisselle juste au-dessus du cœur et ressentez l'ouverture de ce chakra. Quel type d'énergie ressentez-vous à cet endroit ? Il se dégage peut-être une impression de chaleur, de stabilité. Restez connecté et descendez vers le point situé entre le ventre et la poitrine, ressentez l'ouverture de ce chakra. Ressentez l'énergie localisée en ce point ; vous avez peut-être une sensation de lourdeur, de densité et de chaleur. Maintenant suivez l'énergie qui ruisselle en direction de l'estomac ; ressentez l'ouverture de ce centre d'énergie. Ressentez l'énergie localisée en ce point, c'est peut-être un courant rapide et chaud. Restez connecté et descendez vers le dernier centre d'énergie, celui situé juste au-dessus de l'aine et ressentez l'ouverture de ce chakra. Ce peut être une énergie chaude venant de la terre.

Vous avez maintenant établi une connexion avec les sept principaux chakras du corps. Au dernier chakra, ressentez comme des spirales d'énergie qui s'étendent pour se relier à la terre. Attirez l'énergie de la terre pour qu'elle remplisse chacun de vos chakras, de la racine à la couronne. Ressentez l'énergie qui s'élève tout autour de vous, sentez votre corps physique qui se dissout, ne laissant rien d'autre que de l'énergie. Vous êtes cette énergie, c'est votre forme véritable, le corps physique n'est qu'illusion.

Gardez votre attention fixée pendant quelques instants sur la sensation de n'être que pure énergie. Et quand vous serez prêt, commencez à canaliser cette énergie vers l'intérieur, visualisez-la qui descend du chakra coronal au troisième œil, à la gorge, au cœur, au plexus solaire, au chakra sacré jusqu'au chakra racine, pour finalement rejoindre la terre. Faites en sorte de bien renvoyer à la terre le trop-plein d'énergie.

Quand cette étape est terminée, concentrez-vous de nouveau sur chacun de vos chakras, en remontant de la racine jusqu'à la couronne. Au fur et à mesure, visualisez leur retour à la normale. Arrivé au chakra coronal, vous vous sentirez calme et très détendu.

Il se peut qu'à certains moments, vous ayez des difficultés à vous relier à un chakra en particulier, voire à plusieurs. Vous aurez l'impression qu'ils sont fermés ou trop ouverts. Ce déséquilibre peut être provoqué soit par une maladie physique ou un travail de magie dont vous êtes la victime ; cela peut également se produire si un centre d'énergie est davantage mobilisé par rapport aux autres. Si vous rencontrez des difficultés pour vous relier à un chakra dans l'exercice précédent, vous devez retravailler l'exercice 5 du prologue. Il existe de nombreuses façons de rétablir l'équilibre des chakras mais, d'après mon expérience, l'exercice de visualisation qui suit s'avère une méthode très simple et efficace.

EXERCICE 6 du prologue
Equilibrer les chakras

Il faut :

- *10 minutes*
- *Un endroit où vous ne serez pas dérangé*

Partie A : ouverture des chakras

Asseyez-vous sur une chaise, le dos droit et les pieds bien à plat sur le sol. Fermez les yeux et inspirez profondément par le nez, expirez par la bouche. Portez votre attention sur le corps et sentez toutes les tensions se relâcher. Quand vous serez prêt, portez ensuite votre attention sur les pieds et visualisez des spirales d'énergie qui s'étendent des plantes de pied à la terre, reliez-vous à son énergie, juste en dessous de sa surface.

Visualisez alors l'énergie qui remonte le long des spirales ancrées dans le sol. Ressentez l'énergie de la terre qui afflue vers la plante des pieds. Sentez-là remonter vers les chevilles, les mollets, les genoux et les cuisses ; pour finalement s'installer dans le chakra racine.

Ressentez l'énergie qui circule dans tout le chakra racine se mêlant avec votre propre énergie. Elle ondule doucement, ouvrant le chakra est l'emplissant de l'énergie chaude de la terre que vous venez de canaliser. Si vous ressentez de l'énergie négative à cet endroit, visualisez-là comme un torrent qui se déverse dans la terre.

Quand vous serez prêt, laissez l'énergie de la terre remonter du chakra racine vers le chakra sacré. Ressentez l'énergie qui circule entre ces deux chakras. Cette énergie canalisée vient doucement onduler dans le deuxième chakra pour le remplir d'une énergie pure et chaude venant de la terre. Concentrez-vous un instant sur le chakra sacré, sentez comme il s'ouvre et se remplit d'énergie. A nouveau, si vous ressentez de l'énergie négative, visualisez-là comme un torrent qui se déverse dans la terre.

Quand vous serez prêt, laissez à nouveau l'énergie remonter vers les hanches et le ventre puis le long de la colonne vertébrale, puis laissez-la circuler dans le chakra situé au niveau du plexus solaire. Sentez le flux d'énergie entre ces trois chakras. L'énergie canalisée vient doucement onduler dans le deuxième chakra pour le remplir d'une énergie pure et chaude venant de la terre. Concentrez-vous un instant sur le troisième chakra, sentez comme il s'ouvre et se remplit d'énergie. A nouveau, si vous ressentez de l'énergie négative, visualisez-là comme un torrent qui se déverse dans la terre.

Quand vous serez prêt, laissez l'énergie remonter vers la poitrine et les poumons puis arriver dans le chakra du cœur. Ressentez l'énergie qui circule entre ces quatre chakras. Cette énergie canalisée ondule doucement dans le quatrième chakra et le remplit d'une énergie chaude et pure qui vient de la terre. A nouveau, si vous ressentez de l'énergie négative, visualisez-là comme un torrent qui se déverse dans la terre.

Quand vous serez de nouveau prêt, laissez l'énergie remonter et s'installer dans le chakra de la gorge. Ressentez l'énergie qui va et vient entre ces cinq chakras. Cette énergie canalisée vient doucement onduler dans ce chakra et le remplit d'une énergie chaude et pure qui vient de la terre. Concentrez-vous un instant sur le chakra de la gorge, sentez comme il s'ouvre et se remplit d'énergie. A nouveau, si vous ressentez de l'énergie négative, visualisez-là comme un torrent qui se déverse dans la terre.

Quand vous serez prêt, laissez l'énergie remonter vers le cou et le menton jusqu'au visage, dépasser les yeux et venir s'installer au niveau du chakra du troisième œil. Ressentez le flux d'énergie entre ces six chakras. L'énergie canalisée ondule doucement dans ce chakra et le remplit d'une énergie chaude et pure qui vient de la terre. Concentrez-vous un instant sur le chakra du troisième œil, sentez comme il s'ouvre et se remplit d'énergie. A nouveau, si vous ressentez de l'énergie négative, visualisez-là comme un torrent qui se déverse dans la terre.

Quand vous serez prêt, laissez l'énergie remonter une dernière fois. Elle dépasse le troisième œil et se dirige vers le sommet du crâne pour venir s'installer dans le chakra coronal. Ressentez l'énergie qui circule entre les sept chakras. L'énergie canalisée ondule doucement dans ce chakra et le remplit d'une énergie chaude et pure qui vient de la terre. Concentrez-vous un instant sur le chakra coronal, sentez comme il s'ouvre et se remplit d'énergie. A nouveau, si vous ressentez de l'énergie négative, visualisez-là comme un torrent qui se déverse dans la terre.

Partie B : réglage des chakras

Maintenant que vos sept chakras sont ouverts, vous devez les équilibrer. Pour cela, il s'agit de régler la vibration des chakras jusqu'à ce qu'ils soient tous à la même fréquence. Cela peut se faire de deux façons. En plaçant des pierres ou des cristaux sur chaque centre d'énergie ; il s'agit d'une technique efficace présentée dans de nombreux ouvrages. Je préfère, cependant, la deuxième méthode basée sur l'utilisation du son que je vais détailler ci-dessous.

Prenez un instant pour vous concentrer sur la sensation éprouvée au niveau des sept chakras à mesure que l'énergie de la terre remonte vers chacun des centres situé le long du corps et les relie entre eux. Prenez une profonde inspiration, ouvrez la bouche et dites « om » qui est le son primordial. Prolonger la dernière partie de ce son aussi longtemps que possible et faites-le résonner à l'intérieur des chakras. Continuez en augmentant la résonance au fur et à mesure. Après chaque formulation, reprenez votre souffle. Ne vous servez pas d'un enregistrement, les résultats seraient moins bons.

Partie C : diffusion de l'énergie

Une fois que l'énergie vibre harmonieusement, envoyez l'excédent dans la terre. Sentez votre corps traversé par l'énergie qui reflue de la couronne jusqu'au troisième œil en passant par la gorge, le cœur et le plexus solaire. Sentez-la traverser le chakra sacré et racine. Elle coule dans vos jambes et vos pieds pour atteindre la terre et retourner à sa source. Une fois que vous avez renvoyé toute l'énergie à la terre, ramenez lentement à vous les spirales d'énergie que vous aviez déployées pour les relier au corps.

Avant d'entamer la dernière partie de ce chapitre sur la protection, il existe une dernière technique que vous devez maîtriser qui fait appel à la visualisation créatrice. C'est ce qu'on appelle communément l'enracinement et le centrage. Ces deux techniques peuvent être pratiquées individuellement ou conjointement.

EXERCICE 7 du prologue
Enracinement et centrage

Il faut :

5-10 minutes (ou moins après un certain temps de pratique)

Asseyez-vous dans un endroit calme et confortable où vous ne serez pas dérangé. Fermez les yeux et prenez quelques profondes inspirations.

Portez votre attention sur les différentes parties

du corps et détendez-les. Commencez par les orteils et remontez jusqu'au sommet de la tête. Accordez une attention particulière aux tensions résiduelles. Si vous ressentez une douleur quelque part, concentrez-vous sur cette zone un peu plus longtemps ou changez de position. L'essentiel est que vous vous sentiez complètement détendu.

Visualisez maintenant des racines sortant de la base de la colonne vertébrale pour aller se planter dans le sol. Voyez-les s'enfoncer profondément dans la terre, c'est le processus d'enracinement.

Maintenant que vous êtes enraciné, sentez vos racines qui puisent l'énergie de la terre. Faites-la remonter le long de la colonne vertébrale et sentez-la qui circule dans tout le corps. Puis rassemblez cette énergie en une boule et placez-la au centre du corps, dans la région située sous le cœur. Le processus de centrage est terminé.

Une fois enraciné et centré, vous êtes prêt à utiliser l'énergie canalisée de plusieurs façons. N'oubliez pas de vous débarrasser de toute énergie non utilisée pendant le travail de magie. Dirigez-la tout simplement le long de la colonne vertébrale vers vos racines puis dans la terre.

Dans la dernière partie de ce chapitre, nous allons aborder la notion de protection et apprendre à gérer la négativité. Pendant votre pratique, il y aura des moments où vous devrez savoir comment vous protéger des intentions ou des énergies négatives présentes dans l'environnement ou même des menaces ordinaires. Vous disposez pour cela de quatre différentes techniques de protection.

Les boucliers

Les boucliers sont une méthode de protection très connue est très largement décrite dans la quasi-totalité des livres de magie présents sur le marché. Un bouclier est essentiellement une barrière mise en place pour repousser l'énergie indésirable. Il existe de nombreuses façons de créer un bouclier. La plus commune consiste à se visualiser entouré d'un mur ou d'une tour de briques bloquant la négativité. C'est une méthode parfaitement adaptée pour établir un bouclier de protection mais ce n'est pas celle que je préfère. L'idéal c'est de créer votre propre bouclier à partir d'un symbole qui fait sens pour vous. Par exemple, si vous avez un lien très fort avec le feu, vous pouvez visualiser votre bouclier sous la forme d'un mur de feu qui vous entoure et qui consume la négativité ambiante.

Les objets chargés

Ce sont des objets que l'on charge d'une intention particulière pour bloquer les énergies négatives. La charge peut s'appliquer à des bijoux ou à des breloques pour une protection personnelle ou alors à un lieu particulier, comme le domicile voire le bureau. On peut charger n'importe quel objet avec ce genre d'intention. Moi, par exemple, je l'ai fait pour une tapisserie que je m'étais procurée dans une boutique ésotérique et que j'ai accrochée au-dessus de ma cheminée. Sa raison d'être n'est pas seulement d'empêcher la négativité d'entrer chez moi mais elle crée aussi une ambiance chaleureuse et accueillante pour mes invités.

Une autre façon d'empêcher la négativité de pénétrer chez soi est de charger deux magnétites que l'on pose avec du sel de chaque côté de l'embrasure de la porte d'entrée ou de la fenêtre (une magnétite est un aimant naturel de couleur marron-noir à l'aspect métallique). C'est la meilleure technique à utiliser dans le cas d'un lieu d'habitation hautement négatif. Avant de placer le sel et les magnétites, vous devez déjà débarrasser votre intérieur de la négativité existante. Le meilleur moyen est de faire brûler de la sauge et de vous déplacer dans toute la maison en insistant sur les recoins de chaque pièce. Il faut que chacune des pièces s'imprègne des volutes de fumée de la plante. Puis vous vous placez au milieu de la pièce et formulez votre intention. Si vous êtes dans la chambre à coucher, vous pouvez visualiser un endroit confortable et paisible. S'il s'agit du salon, vous pouvez voir un groupe d'amis assis sur le canapé dans une atmosphère détendue et joyeuse, etc. Assurez-vous de bien nettoyer toutes les pièces ainsi que le couloir. Vous pouvez faire la même chose sur votre lieu de travail si ce dernier n'est pas équipé de détecteur de fumée. Autrement, vous pouvez nettoyer cet endroit en utilisant une représentation des quatre éléments. D'abord, visualisez chaque élément en train de débarrasser l'endroit de sa négativité. Une fois nettoyé, installez-y les magnétites et le sel. Pendant cette installation, visualisez ces objets en train d'aspirer la négativité présente dans l'endroit choisi. Remplacez le sel au bout de quelques semaines et rechargez les magnétites une fois par mois.

La déviation

On utilisera une déviation pour écarter de soi l'énergie d'une personne ou d'un endroit. Cette technique s'apparente au bouclier sauf qu'on l'utilise uniquement lorsqu'on se trouve à proximité de la personne ou de l'endroit en question. En ce qui me concerne, je l'utilise quand je me trouve dans un espace public où je ne connais pas les participants ou bien quand je suis avec une personne ou dans un endroit particulièrement chargé négativement. Certaines personnes possèdent une énergie qui me dérange, soit parce qu'elles se plaignent tout le temps ou qu'elle dégage une négativité que je refuse d'assumer. Cette méthode est semblable à celle du blocage présentée un peu plus loin dans ce livre (Exercice 2.5, page 74). Visualisez tout simplement une barrière entre cette personne et vous pour éviter d'être affecté.

Le cercle

La dernière méthode consiste à travailler à l'intérieur d'un cercle. Un cercle est un anneau d'énergie canalisée mis en place pour écarter les énergies indésirables et pour conserver l'énergie positive avant de la diffuser. La plupart des Wiccans utilise le cercle comme pierre angulaire de leur rituel ou de leur travail de magie. D'après ma propre expérience, un pratiquant non-wiccan peut très bien se passer du cercle ou l'utiliser de façon complètement différente. Personnellement, j'utilise deux méthodes. La première est celle du cercle traditionnel, je me place à l'intérieur d'un anneau d'énergie pour effectuer mon travail. Avec la deuxième méthode, je me tiens en dehors de cet anneau et je me sers du cercle comme récipient de l'énergie canalisée avant de la diffuser. Il existe également une troisième méthode, que je n'utilise pas personnellement, mais à laquelle j'ai participé et qui combine en fait les deux premières. Il faut créer deux cercles, l'un dans lequel on se place et le deuxième situé à l'extérieur, mais je trouve cette méthode un peu redondante. Utilisez celle qui marche le mieux pour vous. Dans le chapitre 1, vous verrez un raccourci qui vous permettra de mettre en place un cercle très facilement.

CHAPITRE

1

LES FONDATIONS

Je crois bien que dès l'instant où je suis descendue de l'avion, je savais que cette journée serait compliquée mais je restais optimiste. Mon sac à dos d'une main et mon passeport de l'autre, je m'avançais vers la file d'attente pour le contrôle des passeports. Plus j'approchais du guichet derrière lequel se trouvait une femme dans son plus bel uniforme, plus le nœud que je ressentais à l'estomac se serrait. Je me répétais avec assurance qu'il n'y avait aucune raison de s'inquiéter ; j'étais américaine voyageant avec un passeport américain – il n'y aurait aucun problème. Pourtant, alors que ces mots résonnaient dans ma tête, je commençai à changer de discours. S'il vous est un jour arrivé d'être appelé dans le bureau du proviseur ou dans une salle de conférence par votre patron, vous savez très bien de quoi je parle.

Finalement, mon tour est arrivé et rassemblant le peu de calme qui me restait, je m'approchais sereinement de cette femme qui portait une arme à la ceinture. Je lui tendis mon passeport avec un sourire et un tonitruant « bonjour ! ». Elle ne prit même pas la peine de me regarder. Je me suis dit que mon charme n'opérerait pas sur elle et j'attendis sa réaction. Tout se passa comme prévu : elle ouvrit mon passeport et je lus tout de suite sur son visage des signes d'inquiétude.

Ses yeux s'agrandirent, elle leva la tête et posa son regard sur moi. « Je vous prie de bien vouloir attendre ici », dit-elle me désignant du doigt une rangée de sièges déjà occupée par un assortiment disparate d'hommes et de femmes montrant divers signes d'impatience. Je ne dis rien et me forçai à ne pas lever les yeux au ciel.

Au contraire, je me dirigeai vers la rangée de sièges indiquée et m'assis en tailleur par terre. De mon sac à dos, je sortis mon MP3 et me mis à écouter des chants de méditation que j'aimais bien. Je fermai les yeux, me recentrai et me laissai envahir par le rythme de ces chants. Je me répétais intérieurement : « Tu ne vas pas me causer de problèmes, tu vas me laisser passer, » jusqu'à ce que chaque mot devienne un souffle et que je sente l'énergie résonner, s'élever et se diffuser à chaque expiration. Alors que j'expirais pour la dernière fois sur le mot « passer », j'ouvris les yeux pour voir une autre femme en uniforme s'approcher de la zone où je me trouvais. Dans sa main, je vis un petit carnet bleu que je connaissais bien et je ne pus m'empêcher de sourire, enfin il s'agissait davantage d'un rictus, alors que je me levais en rangeant mon MP3. Elle me rendit mon passeport et me dit : « bienvenue en Israël. » Avec un grand sourire, je lui dis « merci. » Honnêtement, il y a des jours où ça aide d'être sorcier.

Vous pouvez lancer un charme où que ce soit, à tout moment, rien que par la puissance de la volonté. Plus tard, des amis m'ont raconté que le temps d'attente moyen à l'aéroport de Tel Aviv pour les personnes détenues était d'environ deux heures. J'ai attendu en tout dix minutes. Je ne prétends pas être une sorcière plus douée que les autres. Toute personne capable de concentrer sa volonté peut arriver à peu près à la même chose. Nombreux sont ceux qui le font inconsciemment, ce sont les gens qu'on dit chanceux. Ils peuvent obtenir sans effort tout ce qu'ils veulent et à tout moment ; l'échec est inconcevable pour ce genre de personnes.

Mais on peut facilement se retrouver du mauvais côté du « puits à souhaits », quand tout ce qu'on entreprend est voué à l'échec. Les raisons sont multiples, un sentiment de découragement éprouvé dans le passé ou un travail qui ne s'est pas déroulé comme prévu ou bien encore une série d'efforts répétés en vain. N'oubliez pas que la magie est basée sur la volonté. Elle nous permet d'imposer notre volonté sur le monde pour produire un résultat précis. Donc quand un sort ne marche pas, il est important de ne pas se décourager. On doit se servir de la magie pour essayer de transformer un échec en succès. Pour certains d'entre nous, en particulier pour les nouveaux pratiquants qui ont connu pas mal d'échecs dans leur vie, la dramaturgie qui entoure un rituel est indispensable. Les rituels sont comme des outils pédagogiques pour le mental et, grâce à la magie, ils permettent d'accomplir ce que les gens « chanceux » obtiennent naturellement.

Il y a deux explications à cela. Premièrement, le mental n'a pas l'habitude du succès d'où ce besoin de projeter sa volonté sur un objet tangible pour éviter de douter et faire que le travail ne se manifeste pas ou alors qu'il le soit d'une façon inattendue. Deuxièmement, la plupart des livres de magie disent que la réussite dépend de l'utilisation d'objets magique. Ce n'est qu'en partie vrai. Si vous êtes convaincu à 100 pour cent que vous ne pouvez pratiquer la magie qu'avec des objets matériels, votre réussite en dépendra. Mais si vous êtes persuadé pouvoir jeter des sorts n'importe où, n'importe quand et avec n'importe quoi (voire rien du tout), et que vous en êtes convaincu à 100 %, les objets rituels ne vous serviront à rien.

Dans les livres, on vous parle de magie sympathique, de l'utilisation de bougies rituelles, de boules de cristal, etc., mais aucun d'entre eux ne mentionne à quel moment la poupée devient plus qu'une simple poupée, la bougie plus qu'une simple bougie ou quand le miroir se transforme en medium pour voir l'avenir. C'est parce que ces objets conservent leur identité d'origine ; c'est parce que vous croyez qu'ils sont différents que d'un objet banal ils se transforment en objet magique. Si l'on pousse l'analyse un peu plus loin, on comprend vite que les objets rituels sont inutiles. Mais alors comment jeter un sort sans support matériel ? Comment canaliser énergie et volonté ? Sur quoi la concentration doit-elle s'appuyer ? La réponse est simple : sur vous-même.

Pour savoir comment jeter un sort sans support matériel, il faut avant tout comprendre ce qu'est la magie :

La magie est de l'énergie canalisée
transformée par la volonté
pour obtenir un résultat particulier.

C'est une définition claire et directe. Le concept est plus difficile à saisir. D'abord, il faut bien comprendre l'origine de la concentration à laquelle on se réfère. Il faut également comprendre le rôle joué par l'énergie dans le succès ou l'échec du travail. Au final, il faut bien voir comment la volonté affecte la transformation de l'énergie, pas simplement pendant que le sort est jeté mais après, dans l'attente de la manifestation.

Dans ce chapitre, nous allons considérer les deux ou trois éléments nécessaires pour réussir un sort ou un rituel : la concentration, ou attention, et la volonté. Dans le chapitre 2, nous parlerons de l'énergie. Les gens en général comprennent intuitivement les concepts de concentration et de volonté présentés dans de nombreux ouvrages mais on ne leur dit pas comment associer les deux. Ces deux concepts sont traités séparément comme s'ils n'avaient aucun effet l'un sur l'autre ou comme s'ils étaient interchangeables. Dans ce chapitre, nous présenterons chacun individuellement et à la fin du chapitre nous verrons comment ces deux concepts peuvent fonctionner ensemble. Après notre présentation de l'énergie au chapitre 2, nous verrons comment la concentration, l'énergie et la volonté peuvent être associées. J'ai décidé de structurer ce livre de cette façon car de nombreux ouvrages n'accordent aucune attention à la composante énergétique du travail de magie. Même si mon livre précédent se concentrait exclusivement sur le travail énergétique, je présume que tout le monde ne l'a pas lu et je crois que le concept est suffisamment important pour le présenter une deuxième fois. Pour ceux d'entre vous qui possédez déjà mon livre *Energy Essentials*, vous pouvez transférer les techniques dans cet ouvrage-ci. Vous remarquerez, cependant, que les techniques pour élever l'énergie détaillées ici sont différentes de celles présentées dans *Energy Essentials.*

EXERCICE 1.1
La volonté

Il faut :

- *20-30 minutes*
- *Du papier et un stylo*

Pensez pendant quelques minutes à une exigence que vous devez satisfaire. Notez sur votre feuille, la nature exacte de ce besoin. Donnez autant de détails que possible, essayez de vous concentrer très précisément sur ce que vous voulez. Par exemple, si vous avez besoin de 1000 euros pour payer une facture imprévue, écrivez les circonstances et l'origine de cette facture, pourquoi vous avez besoin de cet argent et d'où il pourrait arriver.

Après cela, essayez de résumer ce besoin en une seule phrase. Concernant l'exemple précédent, vous pourriez dire :

1000 euros pour payer ma facture d'hôpital

La volonté intervient quand le besoin est réduit à sa plus simple expression, c'est à dire à sa nature et au résultat escompté.

EXERCICE 1.2
La concentration

Il faut :

- *15-20 minutes*
- *Du papier et un stylo*

Maintenant que vous savez ce qu'est la volonté, il faut apprendre à la focaliser. Par ce terme, j'entends la mise à l'écart de toute autre signification ou possibilité attachée à l'objectif particulier que vous vous êtes fixé. Nous allons nous servir de l'exercice 1.1, qui est apriori facile mais très puissant et efficace dans un travail de magie.

Prenez, tout d'abord la phrase que vous avez écrite pour l'exercice 1.1 et résumez-la en un mot. Dans notre exemple, ce mot peut être « argent » mais votre besoin peut être différent de celui cité dans l'exemple. Prenez quelques instants pour réduire ce besoin à un seul mot. Réfléchissez bien à ce mot avant de passer à l'étape suivante.

Une fois que vous l'avez trouvé, écrivez tout ce qui vous vient à l'esprit quand vous pensez à ce mot en particulier. Si on prend l'exemple du mot « argent », vous écrirez peut-être :

Argent : je n'en ai jamais assez.
Ce qui me sert à payer
ce dont j'ai besoin. Ce que je reçois
en contrepartie de mon travail.
Ce que le bureau des prêts étudiants
me réclame sans cesse.
Les factures...

Le but de cet exercice est de vous faire réfléchir tous azimuts. Si vous vouliez préparer un enchantement d'argent, quels seraient les mots qui vous viendraient à l'esprit ? Correspondraient-ils aux besoins que vous voulez satisfaire ? Ou seraient-ils de simples associations d'idées qui vous viennent quand vous pensez au mot « argent » ? Et là on ne parle que d'un seul mot en particulier ; combien de sorts lancez-vous qui sont réduits à un seul mot ?

Commencez avec le mot utilisé dans l'exercice 1.1. Ecrivez-en une définition en cohérence avec l'objectif fixé. Par exemple :

Argent = réalisation de mon souhait de régler cette facture de 1000 euros

Mémorisez votre définition pendant quelques instants. Répétez-la autant de fois que nécessaire. Formulez l'intention qu'à chaque fois que vous entendrez le mot « argent » (ou tout autre mot choisi) dans une conversation, vous penserez à cette définition.

Plus difficile à dire qu'à faire car vous devrez vous confronter non seulement à vos propres préjugés mais aussi à ceux des autres. Si vous êtes novice dans le domaine de la magie ou si vous avez du mal à rester cadré, je vous suggère de choisir un mot qui ne vient pas souvent dans la conversation. Une bonne façon d'y arriver est de s'entraîner à créer ce que j'appelle des mots déclencheurs. Nous en reparlerons au cours de l'exercice 1.3.

L'objectif ici est de faire travailler le mental et les pensées de sorte que la concentration sur un mot précis suscite une réponse particulière. Dans l'exercice précédent, l'idée était de focaliser le mot « argent » sur l'obtention des 1000 euros nécessaires pour régler une facture. Gardez bien présent cet objectif initial et renforcez-le par vos pensées, paroles et actions. Cela est valable pour n'importe quel mot. Par exemple, les personnes qui pratiquent la magie avec des bougies ont tendance à associer l'argent/la prospérité à la couleur verte, l'amour romantique à la couleur rose et la passion au rouge. Choisissez un mot et faites-en votre objectif. Puis saisissez toutes les occasions où vous entendrez ce mot pour renforcer votre définition. Vous associerez ainsi facilement volonté et concentration tout en renforçant l'objectif à atteindre.

A première vue, concentration et volonté se ressemblent car toutes deux ont un rapport avec l'objectif du sort ou du rituel. Cependant, elles interviennent à différentes étapes du processus. La volonté sert à identifier exactement ce que vous voulez alors que la concentration permet de s'assurer de la cohérence entre ce que vous voulez et ce que vous déclarez vouloir. Lancer un charme pour obtenir de l'argent en général ne servira à rien si la somme invoquée se révèle insuffisante pour payer vos factures. Cette compréhension est nécessaire avant de commencer le travail car volonté et concentration ont toutes deux une importance primordiale dans le succès du sort.

La volonté s'exerce principalement dans l'acte même du lancement d'un sort. Il s'agit d'une affirmation prononcée pendant le sort/le rituel, qui devient l'objectif déclaré, telle que : *« X va se produire »*.

La concentration fonctionne non seulement au moment où l'enchantement est lancé mais également après. Elle donne toute sa signification à votre affirmation et permet également de rester cadré pendant et après le sort/rituel jusqu'à ce que l'objectif soit atteint. Vous déclarez que « X va se produire » puis vous vous focalisez sur votre définition de X ou sur le sens que vous lui donnez.

Ensemble volonté et concentration constituent l'intention à part entière (l'objectif) de votre démarche.

Volonté + concentration = intention

Dans l'exercice qui va suivre, nous allons utiliser les concepts de concentration et de volonté pour créer des mots déclencheurs. Un mot déclencheur est un terme qui, une fois prononcé, évoque immédiatement une sensation, une émotion, un type d'énergie, particuliers. Ces mots sont un raccourci magique qui permettent au mental de s'inscrire dans un cadre rituel même en restant assis à son poste de travail. Ce sont d'excellents outils qui permettent d'apprendre à exercer à la fois volonté et capacité de concentration pour créer un mot qui évoquera un résultat particulier.

Ce prochain exercice fait double-emploi dans le sens où il vous montre comment associer volonté et concentration tout en vous aidant à créer un raccourci dans le travail de rituel. Ce deuxième objectif prendra toute son importance quand nous commencerons à travailler sans outil. Un raccourci participe à la dramaturgie qui entoure le rituel et que certains d'entre nous trouvent nécessaire pour se mettre dans l'ambiance de la magie. Considérez-le comme un outil de pratique pour le subconscient. Depuis si longtemps, vous avez appris au subconscient que la magie fonctionnait dans les limites d'une structure bien établie. Maintenant que vous démolissez cette structure, vous devez lui donner les clés nécessaires pour penser en dehors du cadre du rituel.

Chacun d'entre nous possède tout naturellement des mots déclencheurs qui, une fois prononcés, nous transporte immédiatement dans un endroit particulier. Ils nous font penser à une personne, un endroit ou un objet précis. Par exemple, quand je pense au mot « pluie », je suis immédiatement ramenée à cette journée où j'avais organisé un barbecue avec un groupe de personnes qui deviendra par la suite mon coven. Il s'est mis à pleuvoir si fort qu'en quelques minutes nous avons tous été trempés de la tête aux pieds. J'adore cette pluie chaude, qui tombe du ciel en grosses gouttes. C'est comme si j'étais sous ma douche. Au lieu de courir pour nous mettre à l'abri, trois d'entre nous sommes restés dessous, la tête tournée vers le ciel, savourant la nature dans toute sa gloire. On a attendu pendant une demi-heure que la pluie s'arrête, observant le ciel au-dessus de nous, attentifs aux bruits du tonnerre au loin, regardant les éclairs. C'est l'un des moments de ma vie où je me suis sentie la plus proche de la Déesse.

Aujourd'hui encore, je peux ressentir cette pluie qui me trempait les cheveux et me coulait le long du nez. J'ai encore la sensation de mon T-shirt mouillé et de mon jean qui me collait à la peau et je revois l'expression sur le visage de mes amis alors que nous nous amusions comme des fous sous cette pluie tiède.

EXERCICE 1.3
Mots déclencheurs

Il faut :

- *5-20 minutes par jour pendant une semaine*
- *Du papier et un stylo*

Vous pouvez procéder de deux façons. Soit en parcourant mentalement chaque étape du rituel ou, si vous avez des difficultés à visualiser au début, vous pouvez accomplir cette démarche dans la vie de tous les jours, en construisant votre mot déclencheur à partir de faits et gestes quotidiens. Je vais décrire la méthode basée sur la visualisation ; si vous choisissez de faire cet exercice dans la vie réelle, vous devrez faire les ajustements nécessaires.

Pour commencer, choisissez un mot qui vous renvoie à un cercle rituel ou à un travail de magie. Pour vous aider, utilisez les techniques présentées dans les exercices. 1.1 et 2.2. Par souci d'efficacité, choisissez un mot qui a déjà une connotation magique ou mystique pour vous.

Une fois le mot choisi, prenez quelques instants pour vous enraciner et vous centrer. En gardant ce mot en tête (répétez-le à haute voix si besoin est), passez en revue mentalement toutes les étapes de votre sort ou rituel. Si cela vous pose problème, regardez l'exemple ci-dessous. Il est peut-être différent de votre propre pratique si vous n'utilisez pas de cercle rituel ou si vous n'êtes pas wiccan. Vous pouvez l'utiliser comme méditation guidée mais il vaudrait mieux créer une méditation bien à vous en suivant le déroulement habituel d'un de vos sorts ou rituels.

Sortez les objets rituels du tiroir de votre autel et disposez-les dessus. Prenez un moment pour regarder votre autel. Mémorisez l'emplacement de vos objets, la place de l'athamé, du calice et des bougies. Allumez la sauge et respirez son doux parfum tout en arpentant le périmètre du cercle pour en imprégner la pièce et la purifier. Puis placez-vous à l'est et appelez le premier gardien. Déplacez-vous ensuite vers le sud, l'ouest et le nord jusqu'à ce que tous les gardiens soient présents. Fermez le cercle. Inspirez en vous la sensation d'être entre deux mondes. Appelez le Grand dieu et la Grande déesse, ressentez leur présence derrière vous, leurs mains posées sur vos épaules. Savourez ce ressenti.

Focalisez-vous sur ces sensations et sur le mot déclencheur que vous avez choisi. Comment vous sentez-vous au milieu de ce cercle rituel ou pendant que vous lancez un sort ? Reliez ce ressenti à votre mot, de telle sorte qu'à chaque utilisation vous serez transporté mentalement à cet endroit et à ce moment précis où, à l'intérieur du cercle, vous attendez que le travail commence. Rangez vos objets. Terminez votre pratique comme vous le faites habituellement après chaque sort/rituel : rangez vos objets ou débarrassez-vous de ce qui reste après votre enchantement.

Une fois terminé, prenez un petit moment pour vous concentrer sur le mot déclencheur choisi. Pensez aux sensations liées au rituel, aux étapes que vous avez parcourues. Puis en fonction de cela, écrivez la définition du mot. Répétez cette partie de l'exercice tous les jours pendant trois jours en affinant votre définition au fur et à mesure.

Le 4e jour, vous devriez avoir une définition qui résume ce que vous ressentez pendant un rituel ou le lancement d'un charme. Relisez les définitions rédigées sur ces trois derniers jours et réunissez-les en une seule qui résume la signification du mot déclencheur. Aujourd'hui, au lieu de parcourir les différentes étapes mentalement comme vous l'avez fait du 1er au 3e jour, concentrez-vous sur le mot choisi et méditez sur ce que vous ressentez en participant à un rituel. Il importe davantage de prêter attention aux émotions et aux sensations plutôt qu'aux actions.

Peaufinez à nouveau votre définition pour y incorporer toutes les différences entre ce que vous avez écrit plus tôt et la nature de votre ressenti à chaque étape du rituel. A la fin, vous devriez obtenir un mot qui représente votre ressenti global durant tout le rituel ou travail de magie.

Les 5e, 6e et 7e jours, passez environ cinq minutes à méditer sur votre mot. Au cours de cette méditation, concentrez-vous sur la définition du mot que vous avez créée à la fin du 4e jour et essayez de convoquer les mêmes ressentis que ceux du rituels. Au début, ce sera peut-être seulement un écho du mental, comme si le ressenti n'était pas tout à fait là. Ca ne fait rien. A mesure que vous avancerez, essayez de le mobiliser davantage pour l'intégrer à votre méditation.

A la fin de la méditation du 7e jour, vous remarquerez que lorsque vous commencez à méditer sur le mot, les émotions, les ressentis liés à votre expérience du rituel émergeront plus rapidement et avec plus d'intensité.

Pour renforcer l'efficacité de votre mot déclencheur, utilisez-le à chaque fois que vous commencerez un travail afin de mettre le mental dans une condition propice au rituel. Renforcez périodiquement votre mot déclencheur en répétant cette méditation ou en refaisant les étapes du rituel.

Je sais qu'au début cet exercice peut vous sembler très long. La création du mot déclencheur prend une semaine entière sur un emploi du temps déjà chargé. Mais une fois que vous l'aurez trouvé, cette technique vous fera gagner beaucoup de temps. Le mot déclencheur créé dans cet exercice fait partie des plus complexes. Pour des concepts plus simples, vous n'aurez besoin que d'une ou deux séances. Plus vous serez expérimenté, plus ce processus deviendra simple et rapide. La bonne nouvelle c'est qu'une fois que vous en aurez trouvé un qui satisfait un besoin particulier, vous pourrez le réutiliser si ce besoin se fait de nouveau sentir.

Le but de cet exercice est faire naître mentalement la sensation de se trouver dans un cercle par simple évocation de ce mot. Il s'agit en effet d'un raccourci censé mettre le subconscient dans une condition propice à la magie, pour entraîner le mental à établir une connexion entre le mot et le travail de magie. Quand vous aurez utilisé cette technique pendant un certain temps, vous aurez immédiatement la sensation de vous trouver dans un endroit sacré dès que vous penserez à ce mot ; le mental comprendra que vous êtes sur le point de passer du monde profane au monde magique, comme quand vous exécutez concrètement les différentes étapes d'un rituel.

Les odeurs sont également un bon raccourci. L'odeur de la sauge, par exemple, me met automatiquement dans un état mental propice à ma pratique. Malheureusement, il n'est pas toujours possible d'en brûler quand bon vous semble sans craindre que le détecteur de fumée ne se déclenche au grand dam de votre entourage.

Un mot déclencheur peut être utilisé à d'autres fins que celle de raccourci pour recréer l'expérience d'un espace rituel quand vous êtes loin de votre autel ou que vous n'avez pas le temps de l'installer correctement. En effet, cette technique est particulièrement utile pour les enchantements de confiance, d'estime de soi, de courage et de protection. Dans le chapitre 5, nous présenterons en détails la façon d'utiliser un mot déclencheur dans le travail de magie, pour au final arriver à faire de ce mot, un enchantement à part entière. Vous n'aurez pas besoin de créer un mot déclencheur à chaque fois. Ces mots servent principalement pour des enchantements ou des rituels récurrents car où ils permettent de remobiliser mentalement les efforts déjà fournis.

Le dernier exercice de ce chapitre concerne les mots cibles. Les mots cibles sont semblables aux mots déclencheurs sauf qu'ils ne sont généralement utilisés qu'une seule fois. Un mot cible fonctionne comme l'élément central d'un enchantement. Il s'agit de la représentation verbale pour le subconscient de l'attention et de la volonté. En gros, vous dites à votre subconscient, l'univers et le divin «voilà ce que je veux et ce qu'il te faut pour travailler avec moi ». Quelquefois, au moment de créer un sort ou de planifier un rituel, il est difficile de trouver les mots justes pour définir son objectif. Et sans les mots exacts, l'intention de l'enchantement/rituel risque d'être floue.

Par exemple, imaginons que vous ayez besoin de 100 euros. Si vous écrivez un enchantement d'argent, ce dernier manquera peut-être de précision. *Argent* = une certaine somme, ce qui ne signifie pas que vous obtiendrez le montant exact dont vous avez besoin. Si vous écrivez un enchantement de prospérité, cela risque également ne pas fonctionner. *Prospérité* = une abondance de quelque chose mais pas automatiquement prospérité pécuniaire. Même chose pour les mots *abondance* et *richesse.*

L'exercice suivant va vous apprendre à formuler vos enchantements de manière plus spécifique. Vous pourrez mieux appliquer votre volonté à des objectifs réels. N'oubliez pas que la magie est partisane du moindre effort, donc assurez-vous bien qu'il n'y a pas de « trous » ou de voie de sortie dans la formulation de votre enchantement. L'idée n'est pas de trouver la formulation parfaite mais d'utiliser les mots justes pour délivrer le message désiré.

EXERCICE 1.4
Mots cibles

Il faut :

- *5-10 minutes*
- *Du papier et un stylo*

Partie A : les questions

Commencez par vous poser les questions suivantes *(les réponses sont suggérées)* :

Quel est mon objectif ?
Il faut que j'écarte X de mon milieu professionnel.

Une solution magique est-elle envisageable ?
Oui, je pourrais formuler un enchantement de mise à l'écart

Pourrais-je traiter ce problème avec des moyens plus ordinaire ?
Eh bien, j'ai essayé de dire à X de s'en aller mais il/elle n'a pas compris le message. Je ne dispose d'aucun moyen de pression ordinaire qui limiterait sa présence dans ma vie ; il ne s'agit donc pas d'une situation que je peux aborder de façon normale sauf si j'ai recours à des moyens extrêmes comme donner ma démission, ce qui me serait préjudiciable.

Quel résultat est-ce que j'attends de cet enchantement ?
Je veux que X s'éloigne de moi. Le moyen m'est égal, tant que la santé et la vie de X ne sont pas en danger. X peut très bien partir à la suite d'un événement positif comme une mutation au Pôle nord, par exemple. En fait, je sais que X attend une promotion, donc ce serait formidable si X était promu en dehors de la région.

Dans cet exemple, vous pourriez demander que X obtienne une promotion mais cela ne déboucherait pas automatiquement sur le résultat escompté parce qu'il pourrait être promu dans le même bureau et la situation serait bloquée. Vous pourriez demander à ce que X s'en aille ce qui pourrait signifier que X « parte » de façon permanente, en mourant par exemple (c'est extrême, je sais, mais vous devez y penser). Demander que X « sorte de ma vie » pourrait avoir le même résultat.

Qui dit que vous devez lancer ce sort sur X ? Peut-être que la solution n'est pas que X s'en aille mais que votre propre situation change. Peut-être c'est vous qui méritez une promotion. Mais si tel est le cas, ça ne veut pas dire automatiquement que vous n'aurez plus affaire à X. Continuons avec les questions possibles :

Qu'est-ce qui me gêne chez X ?
Je n'aime pas le fait que X occupe une position dominante par rapport à moi. C'est une personne exigeante et j'ai l'impression de ne jamais la satisfaire quoique je fasse. Il n'est peut-être pas nécessaire que X s'en aille, auquel cas une mise à l'écart ne servirait à rien. Il suffirait peut-être que X n'exerce plus son autorité sur moi.

Donc si vous lancez un sort, qu'allez-vous demander ? Utilisez l'exercice 1.1 et 1.2 pour éclaircir ce point. Dites par exemple : je voudrais obtenir une promotion au travail où X ne sera plus en position d'autorité vis-à-vis de moi.

Partie B : quel rôle l'attention et la volonté jouent-elles dans cet enchantement ?

Identifiez le ou les mots cibles qui composent votre formulation. Dans notre exemple précédent, ce pourra être :

- nouveau, meilleur poste
- X n'exerce plus de contrôle sur ma vie

Pensez-vous que cet ensemble de mots représente bien l'objectif établi à partir de l'exemple A ? Quelle différence y apporteriez-vous ?

Est-ce que ces mots cibles correspondent bien à la définition que nous avons proposée du mot « volonté » ? A mon sens, c'est le cas pour la première suite de mots : « nouveau, meilleur poste de travail », il s'agit là d'une formulation précise d'un objectif clairement défini. Il faudrait travailler davantage la deuxième formulation : dire que « X n'exerce plus de contrôle sur ma vie » n'est pas assez spécifique. Cela implique que X contrôle tous les aspects de ma vie, donc il me faudra reformuler pour préciser ce que X contrôle exactement. Voici quelques questions à vous poser :

Qu'est-ce que je peux faire pour m'assurer que j'applique bien ma volonté à mon enchantement ?

J'utiliserais des termes spécifiques autant que possible pour transmettre exactement le type de manifestation que j'attends.

Comment puis-je conserver toute mon attention pendant et après l'enchantement ?

Je m'assurerais d'avoir bien compris le sens des mots cibles que j'ai utilisés dans l'enchantement. Je garderais ces définitions en tête lors d'un futur réemploi de ces mots ou lors d'une éventuelle discussion entre amis sur cette situation.

Vous devez bien comprendre que vous n'exercez le contrôle sur l'enchantement que jusqu'à sa phase de lancement. Après, il se diffuse dans tout l'univers et vous devez le laisser libre d'accomplir son objectif. Sachez qu'une fois lancé, il fera ce que vous lui avez dit de faire. Par exemple, si vous lancez un enchantement en vue d'une promotion, il serait contre-productif de dire à vos amis que vous ne l'obtiendrez pas.

Dans ce chapitre, nous avons appris ce que sont la volonté et l'attention appliquées à un enchantement. Nous avons vu que ces deux éléments fonctionnent conjointement pour accomplir l'intention première d'un sort. Dans le chapitre suivant, nous allons apprendre comment ajouter un troisième élément, l'énergie, aux deux précédents pour bien réussir un travail de magie.

CHAPITRE

2

AJOUTER DE L'ÉNERGIE

LA DEFINITION EXACTE DE l'énergie suscite pas mal de confusion dans le milieu des magiciens. On peut également se demander s'il est bien nécessaire de consacrer une partie de ce livre à la façon d'élever l'énergie dans un travail de magie ou de rituel. Certains considèrent que le travail de magie en lui-même est suffisant pour fournir l'énergie nécessaire au pouvoir d'un enchantement ou d'un rituel. Je suis d'accord sur le principe ; l'exécution d'un enchantement élève bien l'énergie de l'ensemble du travail. Selon qui vous êtes et votre niveau d'engagement dans le processus, cette énergie peut suffire à réaliser un *bon* mais pas un *super* travail. Elever et canaliser l'énergie volontairement peut avoir deux conséquences ; tout d'abord, en garantissant une implication dans le travail d'enchantement, il y a renforcement de la volonté et de l'attention, parce qu'élever l'énergie est un savoir-faire actif et non passif. Deuxièmement, l'ensemble de la démarche reçoit un coup pouce supplémentaire qui favorise la réalisation de l'objectif.

Je vais vous donner mon point de vue : si vous placez un rocher au sommet d'une colline, il dévalera la pente en fonction de l'endroit où il aura été placé, compte-tenu d'autres forces naturelles. Mais si vous lui donnez une petite poussée, vous serez sûr qu'il descendra la colline. Une fois que vous aurez donné le coup de pouce initial, le rocher sera entraîné par son propre mouvement. Même chose pour un enchantement, si vous lui appliquez une dose d'énergie supplémentaire, la réalisation du souhait sera plus rapide.

L'énergie sert de catalyseur au changement. Elle a des origines multiples et peut être divisée en trois grandes catégories :

- *L'énergie personnelle* : elle émane de soi ou d'autres êtres vivants. Il s'agit, par exemple, des émotions, des pulsions sexuelles ou d'une énergie émise par un autre participant du sortilège/rituel, etc.
- *L'énergie divine* : elle émane d'une connexion établie avec une entité spirituelle. Il peut s'agir d'une demande d'intervention de la part d'un dieu ou d'une déesse dans un rituel ou un sortilège, d'une prière à Dieu, de l'invocation d'esprits, de saints, etc.
- *L'énergie universelle* : elle est puisée dans l'environnement, dans la terre, la lune, dans l'énergie ambiante.

Quelle que soit son origine, le sorcier ou le pratiquant instrumentalise l'énergie dans le cadre d'un travail pour rendre manifeste l'intention formulée du sortilège. Les manières de transformer l'énergie ne sont limitées que par l'imagination du pratiquant et par la confiance qu'il a en ses capacités.

Ce chapitre a trois objectifs. Celui, tout d'abord, de vous enseigner comme vous relier à chaque catégorie d'énergie. Ensuite, de vous montrer comment l'énergie peut être transformée dans le cadre d'un enchantement ou d'un rituel. Et finalement, d'associer l'énergie à la volonté et à l'attention pour vous aider à comprendre, du tout moins en théorie, le fonctionnement complet d'un enchantement.

EXERCICE 2.1
L'énergie personnelle

Il faut :

- *5-10 minutes*
- *Du papier et un stylo*

Trouvez un endroit calme où vous ne serez pas dérangé. Mettez-vous à l'aise. Respirez calmement et profondément pour relâcher toutes les tensions du corps.

Partie A : laisser remonter les émotions
Choisissez une émotion (plus elle sera forte et plus le résultat sera efficace).

Exemple : *l'espoir*

Pensez pendant quelques instants au ressenti que suscite cette émotion :

L'espoir provoque une sensation d'ouverture au niveau de la poitrine. Comme lorsqu'on regarde le soleil se lever le matin ou quand il sort des nuages un jour gris et pluvieux. Il me donne la pêche et me grandit. Quand je suis relié à une énergie d'espoir, je me sens plus ouvert à tous les possibles. J'ai le sentiment que les choses se dérouleront harmonieusement.

Partie B : utiliser les émotions

Si je devais lancer un sortilège pour recevoir de bonnes nouvelles ou bien pour surmonter la perte d'un être cher, je travaillerais peut-être avec une énergie d'espoir. Je pourrais centraliser l'énergie que je ressens pour la diriger vers quelqu'un d'autre (voir exercice 2.8). Je pourrais utiliser cette énergie pour en charger un objet (voir exercice 2.7).

Pensez à l'énergie émotionnelle à laquelle vous voulez vous relier. A quel type de travail pourriez-vous l'appliquer ?

Partie C : travailler avec d'autres émotions

Notez d'autres émotions que vous ressentez habituellement et réfléchissez à la façon dont vous pourriez les utiliser dans un sortilège ou un rituel. Par exemple :

Le bonheur : pour lutter contre la dépression, pour être satisfait au travail, pour formuler un enchantement qui mette fin à une discorde.

On peut se relier à un grand nombre d'énergies émotionnelles ; ces émotions peuvent être à la fois positives et négatives. Il ne faut pas limiter ce travail aux seules émotions positives ou négatives. Toutes deux servent un objectif essentiel. En tant qu'êtres humains, nous vivons des expériences multiples et variées. Travaillez ces différentes formes d'énergie émotionnelles dans vos sortilèges et rituels. Ce type d'énergie est un moyen facilement accessible pour élever l'énergie. Il s'agit de laisser venir ce qui vient naturellement et juste ressentir.

EXERCICE 2.2
L'énergie divine

Il faut :

5-10 minutes

Faites cet exercice devant votre autel (si vous en avez un) ou dans un endroit où vous ressentez une forte connexion au divin. Je sais que les gens se relient au divin de manières très diverses et que tous les pratiquants ne sont pas obligatoirement wiccans. Donc quand vous vous apprêtez à vous relier au divin, utilisez-la manière qui vous convient le mieux. Vous irez peut-être allumer un cierge dans une église ou vous méditerez tranquillement en regardant le Christ en croix ou bien encore vous choisirez d'invoquer le Dieu ou la Déesse à l'intérieur d'un cercle. Si vous êtes comme moi et que vous ressentez la présence du divin dans la nature, vous vous assiérez sous votre arbre préféré.

Une fois que vous avez trouvé votre place idéale, asseyez-vous tranquillement et videz le mental. Inspirez profondément pour relâcher toute tension. Fermez les yeux et tourner vos sens vers l'extérieur pour vous connecter au divin présent tout autour de vous.

La manière d'établir cette connexion est toute personnelle. Pour moi, je ressens la douceur d'une main qui me caresse le visage. Je vois une femme souriante à la chevelure irisée qui change de couleurs quand je la regarde. Ses yeux renferment toute la sagesse du monde et je perçois le monde qui respire de concert avec elle. Je sais que c'est la Déesse.

Une fois que vous avez établi votre relation personnelle au divin, pensez à quelque chose dont vous avez besoin. Définissez ce besoin avec précision. Par exemple :

Je dois trouver du travail

Demandez qu'on vous aide dans cette recherche. A nouveau, la façon de procéder vous sera toute personnelle. Pour moi, quand je suis assise en tailleur sous mon arbre préféré, j'ai une conversation avec la Déesse. Je lui parle de mes besoins, de leur raison d'être et de la manière dont ils pourraient être satisfaits, d'après moi. Et puis je lui dis tout simplement, « aide-moi, s'il te plait. »

Je sais qu'en demandant de l'aide je mobilise à la fois volonté et intention parce que j'ai formulé clairement la nature de mon besoin. En me reliant au divin, ou dans mon cas à la Déesse, j'obtiens l'énergie divine nécessaire pour atteindre mon objectif.

Le divin existe à l'intérieur et à l'extérieur de nous. Chaque fois que j'utilise la magie dans un rituel ou dans la fabrication d'un enchantement, je me connecte au divin en quelque sorte. J'ai reçu du divin la bénédiction de savoir et de pouvoir m'aider moi-même. Pour moi, chaque être humain porte en lui une part d'étincelle divine qui nous permet de transformer nos vies en ce que nous voulons. Cela participe du pouvoir créatif de l'univers, c'est un cadeau qui nous est fait et que nous devons utiliser. Cette énergie est là pour nous. En nous y reliant, nous honorons Dieu ou les dieux ainsi que nous-mêmes. C'est pour cela que je sais que Dieu ou les dieux ne sont jamais sourds ou qu'ils refusent de m'aider.

La connexion au divin représente un autre moyen simple et rapide d'ajouter de l'énergie transformatrice à un travail de magie. Pour certaines personnes, cette technique fonctionne mieux que les autres car elles sont plus à l'aise avec ce genre de relation. Dans notre société, la prière est une forme acceptable pour demander de l'aide. Pour certains, prier est aussi nécessaire que respirer. Je ne dis jamais non à quelqu'un qui se propose de prier pour moi parce je sais que je peux utiliser l'énergie de sa prière pour répondre à certains besoins personnels.

Même si je crois au divin et que je me relie à lui régulièrement, je crois également qu'une personne athée peut pratiquer la magie de manière efficace. La magie est une compétence qui peut être peaufinée et développée. Toute personne capable d'attention et de volonté et qui peut augmenter un tant soit peu son énergie peut pratiquer la sorcellerie. Le croyant le plus dévoué du monde n'arrivera à rien s'il n'est pas capable de formuler clairement un besoin. Si vous dites simplement : « Oh, mon Dieu, j'ai besoin d'aide ! » ça ne suffira pas parce que Dieu, ou l'énergie divine, ne saura pas comment vous aider. Gardez bien cela présent à l'esprit si vous décidez de pratiquer l'exercice ci-dessus. Travailler avec le divin ne doit pas vous faire oublier les autres éléments nécessaires pour un bon travail de magie.

EXERCICE 2.3
L'énergie universelle

Il faut :

5-10 minutes dans un endroit où vous ne serez pas dérangé

Asseyez-vous ou allongez-vous confortablement. Fermez les yeux et respirez plusieurs fois profondément. A l'expiration, chassez toutes les tensions ou le stress accumulé et concentrez-vous sur un état de relaxation.

Ouvrez votre troisième œil et élargissez la conscience vers l'extérieur jusqu'aux confins de votre champ énergétique personnel. Ces limites varient d'un individu à un autre mais généralement elles se situent à environ 2 cm et demi au-dessus de la peau. Vous ressentirez peut-être une démangeaison croissante au-dessus des points d'énergie majeurs du corps.

Visualisez de petites spirales d'énergie qui se déroulent à partir de votre champ énergétique. Ressentez comment ces spirales caressent l'énergie latente contenue dans l'air. A travers ces spirales, attirez l'énergie vers vous pour qu'elle vienne rejoindre votre corps physique. Visualisez l'énergie absorbée par la peau qui pénètre dans votre corps.

Prenez cette énergie et dirigez-la vers votre main dominante (la droite si vous êtes droitier, la gauche si vous êtes gaucher). Mobilisez toute l'énergie canalisée dans la paume de votre main pour créer une petite boule. Maintenant, libérez l'énergie en visualisant la boule qui s'évapore dans les airs.

EXERCICE 2.4
Energie et incantation

Il faut :

- *5 minutes*
- *Un enregistrement de votre chanson ou incantation préférée*

Appuyez sur la touche « repeat ». Asseyez-vous dans un endroit confortable et appuyez sur « play ». Baissez le volume. Concentrez-vous sur le son. Après la première écoute, chantez en chœur si vous voulez, même intérieurement. A chaque écoute de l'enregistrement, augmentez le volume pour un chant plus intense.

Remarque : Si vous recherchez un chant pour cet exercice, je vous recommande « Cauldron Chant » extrait de l'album Witch of the Wildwoods du group Moonstruck. Pour moi, c'est un véritable enchantement, il suffit d'ajouter de l'attention à l'énergie émise par le chant et vous voilà prêt pour la suite. Il existe d'autres chants qui fonctionnent bien mais pour moi celui-là est le mieux construit.

Les quatre exercices précédents sont des méthodes simples, pouvant être utilisées rapidement, pour élever le niveau d'énergie dans le cadre d'un travail de magie. Elles ne demandent que très peu de temps et de préparation. Une fois que vous aurez maîtrisé ces techniques, vous pouvez augmenter l'énergie en quelques minutes. Comme vous l'apprendrez plus tard, elles s'appliquent à tout travail fait sans support matériel.

Quelquefois, mobiliser de l'énergie ne suffit pas pour faire le travail. Il faut la diriger vers un but précis. Cela peut se faire de diverses façons. Dans la magie traditionnelle où l'on utilise des bougies, l'énergie est dirigée et diffusée par la flamme de la bougie. En magie culinaire, l'énergie est dirigée et diffusée à travers la confection et la consommation de nourriture. Dans les quatre prochains exercices, nous allons voir comment l'énergie peut être transformée et dirigée en vue d'un résultat spécifique.

EXERCICE 2.5
Transformation de l'énergie : le blocage

Le blocage est une bonne technique pour dévier facilement certaines énergies et les empêcher de vous atteindre. Je l'utilise dans des endroits où domine un certain état émotionnel comme dans une salle d'examen ou à bord d'un avion.

Il faut :

5 minutes

Asseyez-vous le dos bien droit. Croisez les jambes au niveau des chevilles et les bras sous la poitrine. Fermez les yeux. Respirez plusieurs fois profondément et centrez l'énergie de façon à la faire circuler de la couronne à vos orteils en un rythme fluide et ininterrompu au rythme des battements du cœur. Une fois que ce rythme est suffisamment fluide, élargissez la conscience aux confins de l'aura là où sont installés vos boucliers.

Prenez un moment pour renforcer les éventuels points faibles. Puis, élargissez la conscience au-delà de vos boucliers et ressentez les énergies et les émotions qui les bombardent. (Si c'est une première pour vous, soyez prudent parce que vous pouvez avoir la nausée). Prenez quelques instants pour identifier l'énergie qui arrive, colère, nervosité, peur, etc. Une fois que vous avez formellement identifié le type d'énergie auquel vous avez affaire, dirigez votre attention à l'intérieur de vos boucliers.

Ensuite, déterminez l'émotion/l'énergie opposée à celle que vous êtes en train de recevoir, comme par exemple une sensation de calme si vous captez de la nervosité. Concentrez-vous et faites remonter cette énergie/émotion le long de vos chakras. Vous pouvez visualiser une couleur ou simplement vous rappeler une expérience de grand calme. Une fois que vous y êtes, envoyez cette énergie à l'intérieur de vos boucliers. L'énergie initialement reçue sera ainsi neutralisée.

Il s'agit d'un exemple de travail très simple qui peut se faire sans l'aide d'objets extérieurs. Je l'aime bien car cela me permet de bloquer les énergies indésirables et de me déstresser. Cette technique peut être adaptée à différentes situations. Par exemple, on peut l'employer pour bloquer un environnement négatif ou pour éviter d'être affecté par la peur ou l'anxiété que dégage une personne.

EXERCICE 2.6
Transformation de l'énergie : la transmission

Il faut :

- *5-10 minutes*
- *Une bougie*

Voici une excellente technique pour envoyer de l'énergie à une personne qui a besoin d'aide ou de guérison. (N'oubliez pas de toujours consulter la personne avant d'accomplir un travail de magie).

Commencez par vous enraciner et vous centrer. Concentrez-vous sur la personne que vous voulez aider. Puis allumez une bougie pour diffuser l'énergie.

Une alternative consiste à charger un objet cible et de l'offrir en cadeau à la personne qui a besoin d'énergie. En utilisant cet objet, elle pourra ainsi accéder à la vôtre.

EXERCICE 2.7
Transformation de l'énergie : la charge

Il vous faut :

- *5-10 minutes*
- *Un objet à charger*
- *De l'eau salée*

Nettoyez l'objet avec de l'eau salée pour éliminer toute énergie résiduelle. Si vous chargez une bougie, ne l'immergez pas mais trempez vos doigts dans l'eau et passez-les sur la bougie, en évitant bien la mèche.

Tenez l'objet dans la main qui reçoit (si vous êtes droitier, ce sera la main gauche et vice-versa), puis enracinez-vous et centrez-vous. Utilisez la technique pour élever l'énergie présentée dans les exercices 2.1, 2.2 ou 2.3. Vous pouvez également utiliser votre propre technique ou une de celles exposées dans *Energy Essentials.*

Commencez par visualiser une énergie pure, blanche et neutre. Il s'agit de l'énergie que vous avez canalisée mais sur laquelle vous ne vous êtes pas encore concentré. Puis, visualisez votre intention et façonnez l'énergie dans vos mains de telle sorte qu'elle reflète cette intention. Par exemple, si vous chargez un objet pour attirer de l'argent, vous pouvez voir l'énergie devenir verte. Visualisez ensuite à quoi cet argent est destiné. Par exemple, si c'est pour le règlement d'une facture, visualisez-vous en train de faire un chèque et de le poster.

Charger un objet a pour but de concentrer un enchantement et de lui fournir l'énergie nécessaire pour que le désir se concrétise. Si vous utilisez l'objet comme enchantement ou élément d'un rituel, vous devrez ajouter une étape supplémentaire à l'exercice précédent pour permettre la diffusion de l'énergie canalisée à l'intérieur de cet objet. Par exemple, si vous chargez une bougie, vous pouvez visualiser l'énergie qui se diffuse à mesure que la bougie se consume. A titre d'exemple, je possède une magnifique tapisserie que j'ai achetée quand j'avais 18 ans lors d'une de mes premières sorties à l'étranger. Elle a fait le tour de la planète avec moi. Elle a maintenant plusieurs fonctions ; elle sert à la fois de jeté de canapé, de rideau, de couverture et lors d'une occasion très particulière je l'ai même portée comme robe. Mis à part son côté polyvalent, cette tapisserie continue à me suivre dans mes petites virées parce que je la charge d'une énergie protectrice. Ca peut paraitre risible qu'une jeune femme de vingt ans se déplace encore avec son doudou mais le fait est que je n'ai jamais été cambriolée même à l'époque où j'habitais les pires quartiers de Détroit. Je recharge cette tapisserie à peu près une fois par mois en me servant d'une de mes méditations préférées pour élever l'énergie ; je visualise ensuite cette énergie se tisser dans les fibres du tissu. Au fur et à mesure du tissage, je me concentre sur mon objectif de protection et de sécurité. Je vois l'énergie prendre la forme de la tapisserie. Je vois cette énergie latente, attendant la manifestation d'un besoin et je la visualise ensuite en train de contrer de potentielles menaces à mon égard. Plus je répète les étapes de cet enchantement de protection, plus les effets s'intensifient et plus la tapisserie est chargée.

Maintenant que nous avons vu les bases concernant l'élévation et la transformation de l'énergie, il est temps d'apprendre assembler les différentes étapes. Dans l'exercice suivant, nous allons présenter une nouvelle méthode pour élever l'énergie puis nous discuterons de la façon de transformer cette énergie pour une intention ou un objectif particuliers. Généralement, l'énergie est neutre, (à l'exception de l'énergie émotionnelle), ce qui signifie qu'elle n'a ni intention ni direction. Au cours du lancement d'un sort, il faudra donner une définition à cette énergie ce qui sera en partie obtenu grâce à la volonté et à l'attention ; nous verrons comme tout cela s'intègre dans un enchantement (exercice 2.9). Mais avant cela, dans l'exercice 2.8, nous allons apprendre à diriger l'énergie vers l'intention de l'enchantement. Tout comme pour la volonté et l'attention, il est essentiel d'avoir une idée claire de ce que vous voulez accomplir et de savoir traduire cette idée en énergie pour réaliser un bon travail.

EXERCICE 2.8
Transformation de l'énergie : la direction

Il faut :

5 minutes

Commencez par déterminer un objectif pour élever l'énergie. Par exemple :

Rencontrer de nouvelles personnes

Réfléchissez pendant une minute à la manière dont vous pourriez diriger l'énergie canalisée pour donner une forme à votre objectif.

Grâce à la visualisation, je pourrais voir l'énergie figurer une rencontre avec de nouveaux amis. Je pourrais charger un objet à porter et créer un enchantement pour attirer à moi de nouvelles personnes.

L'objectif de cette partie de l'exercice est de trouver comment canaliser au mieux l'intention dans l'énergie. Réfléchissez pendant quelques instants à la manière d'atteindre votre objectif. Que faut-il mettre en œuvre pour qu'il se réalise ?

Pour rencontrer de nouvelles personnes, je dois peut-être sortir de ma coquille et me prendre par la main.

Comment représenter la forme que doit prendre cette énergie ?

L'énergie pourrait figurer quelqu'un comme moi qui sort de sa coquille. En donnant à l'énergie une couleur à laquelle j'associe le fait de rencontrer de nouvelles personnes et la qualité de sociabilité.

Quand cette vision mentale sera très claire, élevez l'énergie en suivant l'un des quatre premiers exercices de ce chapitre. Ensuite, dirigez-la et façonnez-la conformément à l'intention que vous avez définie.

Le dernier exercice de ce chapitre est le premier enchantement complet. Quand vous le lirez, pensez à en noter la structure et à identifier les trois éléments du travail de magie dont nous avons discuté jusqu'à présent. Réfléchissez au type de manifestation que vous souhaitez. Réfléchissez également à d'éventuelles modifications à apporter soit pour satisfaire un besoin différent ou pour l'adapter à votre gré.

EXERCICE 2.9
Mise en commun : énergie, volonté et attention

Il faut :

- *5 minutes*
- *Une figue fraîche*

Partie A : exécution de l'enchantement

Maintenez la figue dans la paume de la main qui reçoit, sans la serrer. Enracinez-vous et faites monter au milieu du corps une boule d'énergie à peu près de la taille d'une balle de baseball. Laissez l'énergie reposer au centre pendant quelques instants jusqu'à ce qu'elle s'intègre à votre propre énergie. Puis dirigez la boule vers le haut à partir du centre du corps et faites-la descendre le long du bras dominant jusqu'à ce quelle s'installe confortablement au milieu de votre paume.

Une fois que la boule d'énergie est au centre de votre main dominante, dirigez-la pour qu'elle prenne les caractéristiques de l'argent. Ayez la sensation de tenir dans la main une liasse de billets de 100 euros ou un gros chèque. L'énergie devient verte ou une autre évocation de ce que l'argent évoque pour vous.

Concentrez-vous sur votre besoin :

J'ai besoin de 100 euros pour m'acheter de nouveaux vêtements

Ensuite, joignez les mains jusqu'à ce que la boule d'énergie passe au-dessus de la figue. Puis faites-la flotter vers le bas à partir de la main dominante jusqu'à ce qu'elle recouvre la figue complètement. Sentez la figue qui commence à absorber l'énergie dirigée vers elle. (Pour moi, la figue devient très chaude dans le creux de ma main). Terminez l'enchantement en mangeant la figue. Quand vous l'avalez, ressentez l'énergie couler dans votre gorge en même temps que la figue en sachant que quand vous l'aurez digérée, l'énergie sera diffusée dans le monde extérieur pour vous apporter l'argent désiré.

Partie B : analyse de votre enchantement

Prenez un moment pour réfléchir aux questions suivantes :

Quel était l'objectif de l'enchantement ?

Est-ce que cet objectif était cohérent avec la démarche entreprise ?

Pourriez-vous identifier la volonté, l'attention et la technique d'élévation de l'énergie ?

Comme vous l'aurez remarqué, l'enchantement du dernier exercice était plutôt simple. Il s'appuyait sur deux choses : une figue et de l'énergie. C'est un enchantement très puissant dont je me suis servi plusieurs fois avec succès. Un enchantement ciblé qui fonctionne n'est pas nécessairement compliqué ou long à faire. Il n'a pas besoin d'ingrédients coûteux ou d'un matériel ésotérique extraordinaire. Dans le reste du livre, nous nous attacherons plus particulièrement à la manière dont on peut préparer un enchantement qui fonctionne où que l'on soit, sans beaucoup de préparation et avec très peu d'objets, voire pas du tout.

La magie devrait être quelque chose de simple, sans fioritures inutiles. Une fois les bases du travail de magie maîtrisées, vos enchantements devraient fonctionner quels que soient le temps de préparation ou les outils employés. Avant d'aborder le chapitre 3, assurez-vous de bien avoir compris et d'être capable d'appliquer les compétences acquises dans les deux premiers chapitres. A mesure que vous avancerez dans la lecture de ce livre, vous remarquerez que chaque exercice capitalise sur les compétences déjà acquises. Chaque enchantement renferme une part de volonté, d'attention et d'énergie donc il est essentiel de savoir identifier et distinguer ces éléments avant de pouvoir aborder des compétences plus avancées présentées par la suite. Avant de passer au chapitre suivant, examinons un autre exemple-type d'enchantement.

Exemple-type d'enchantement

Objectif :

> Charger un objet est une technique d'élévation de l'énergie ; voir exercice 2.7

- Ecarter la négativité

> Une astuce à se rappeler c'est que chaque fois que vous voyez le mot « intention » ou « objectif », vous devez immédiatement pensez aux éléments : volonté et attention.

Objets nécessaires :

- 2 magnétites
- Un petit récipient rempli de sel

Etapes

Chargez la première magnétite avec l'intention qu'elle attire la négativité présente chez vous ou sur votre lieu de travail. Placez la pierre dans le sel.

Chargez le sel pour qu'il absorbe la négativité contenue dans la première magnétite et qu'il la neutralise.

Placez la deuxième pierre dans le sel. Chargez cette deuxième pierre avec l'intention qu'elle absorbe l'énergie neutralisée. Pendant ce processus, visualisez la magnétite en train de se décharger de l'énergie neutralisée et d'attirer de l'énergie positive.

Prenez quelques instants pour observer cet enchantement. Essayez d'identifier où la volonté, l'attention et l'énergie entrent en jeu. Une fois cette identification faite, chaque élément peut apparaître à plusieurs endroits différents, pensez à quelle(s) technique(s) vous pourriez employer quand vous lancerez cet enchantement, soit pour l'améliorer ou pour l'adapter à un but différent.

Exemple-type d'enchantement

Objectif :
- Ecarter la négativité

Objets nécessaires
- 2 magnétites
- Un petit récipient rempli de sel

Etapes

Chargez la première magnétite avec l'intention qu'elle attire la négativité présente chez vous ou à votre bureau. Placez la pierre dans le sel.

Chargez le sel pour qu'il absorbe la négativité contenue dans la première magnétite et qu'il la neutralise.

Placez la deuxième pierre dans le sel. Chargez cette deuxième pierre avec l'intention qu'elle absorbe l'énergie neutralisée. Pendant ce processus, visualisez la magnétique en train se décharger de l'énergie neutralisée et d'attirer de l'énergie positive.

La plupart des enchanteurs aguerris appliquent énergie, volonté et attention de manière intuitive. Grâce à leur expérience, ces pratiquants sont capables d'identifier ce dont ils ont besoin pour que leur enchantement fonctionne. Pour les nouveaux pratiquants, avancer à tâtons peut vite s'avérer frustrant et les mener à la conclusion que, soit ils sont incapables de jeter un sort ou que ce type de magie n'est pas pour eux. Comme nous l'avons dit précédemment, un enchantement fonctionne de façon optimale lorsque la personne est capable d'identifier ce qu'elle veut vraiment et de diriger l'énergie vers la réalisation de cet objectif.

Au cours de ce livre, nous allons nous appuyer sur un grand nombre de savoir-faire que les enchanteurs les plus avancés arrivent progressivement à maîtriser. C'est en apprenant à utiliser les trois éléments de base d'un travail de magie réussi que vous allez améliorer votre pratique de cet art.

CHAPITRE

3

TRAVAILLER AVEC LES ÉLÉMENTS

JE VIENS D'UN MILIEU où la famille occupe une place très importante, y compris la famille élargie. Quand j'étais enfant, j'avais l'habitude d'être entourée d'une pléthore d'oncles, de tantes et de cousins. Tous ces gens s'abattaient comme des sauterelles sur la maison de mon arrière-grand-mère accompagnés d'un joyeux chaos que j'avais du mal à supporter très longtemps. Quand j'en avais assez, je me réfugiais dans la solitude des collines situées à la sortie de mon village. C'est là que j'ai commencé à travailler avec les énergies des élémentaux qui vivaient dans cette petite vallée désertique. Ce n'est que bien des années plus tard que j'ai compris à quelle source j'avais puisé lors de ces après-midi paisibles loin de mes obligations familiales.

La vallée du Jourdain, où j'ai passé la plus grande partie de mon enfance, est un endroit unique. C'est une terre sèche, les précipitations y sont quasi-nulles, mais c'est l'une des terres les plus fertiles au monde. Cette contradiction poussée à l'extrême était toute naturelle pour moi. Il y avait des huttes en torchis et des tentes qui côtoyaient des villas somptueuses qui appartenaient souvent aux membres d'une même famille. Les ânes, les chameaux et les chevaux se disputaient l'espace avec les voitures, les camions et les piétons occasionnels. On laissait souvent le champ libre aux enfants que les gens venus d'ailleurs prenaient pour des sauvages aux airs de réfugiés ; ce qui posait problème à ma mère qui attachait de l'importance aux règles et à un mode de vie structuré. A Amman, mon frère et moi ne recevions que très rarement la permission d'aller jouer tout seuls avec les enfants du voisinage. Mais ma mère n'allait jamais du côté de la vallée et là nous étions libres de ses interdits et je pouvais me salir et me perdre autant que je voulais. Je courais dans les collines en espadrilles et en jeans aussi agile qu'une chèvre, sans jamais craindre de tomber.

A l'époque, mon endroit préféré était un éperon rocheux surplombant une pente raide. Les jours où j'arrivais à m'échapper, j'escaladais la pente pour m'asseoir tout en haut de ce rebord rocheux. J'aimais cet endroit car j'avais l'impression de flotter au-dessus du néant. Je pouvais rester assise là pendant des heures et me fondre dans cet environnement. Je devenais l'air qui passait doucement ses doigts dans mes cheveux ; ce rocher qui dévalait la paroi pentue. C'était sur ma peau que les lézards prenaient leur bain de soleil. A mon arrivée, je me sentais accueillie ; l'air et la terre me disaient au-revoir en m'embrassant quand je rentrais chez moi. Je savais que je pouvais voyager sur l'air et plonger dans la terre dans un profond sentiment de sécurité. Je connaissais cet endroit et cet endroit me connaissait. Quinze ans après avoir quitté la Jordanie pour les Etats-Unis, je suis revenue là et j'ai presque pleuré tant le ressenti que j'avais de cet endroit était demeuré intact.

A mesure que je développais ma pratique de magie et que j'étudiais les enseignements de grands maîtres, j'ai commencé à réaliser que l'énergie à laquelle je m'étais connectée enfant ne pouvait être que celle des élémentaux qui peuplaient cette petite vallée désertique. C'était donc pour cela que j'avais l'impression d'être une princesse adorée quand je me rendais dans cet endroit. Il y avait toujours une brise légère pour me rafraîchir et une nature vivante pour me distraire. J'étais en parfait accord avec l'énergie de cet endroit. D'autres personnes m'ont dit avoir ressenti la même chose et les histoires semblent se répéter, c'est comme si ce lieu particulier prenait soin de nos besoins.

En 2003, j'eus à traduire une ancienne histoire de l'arabe en anglais pour le cours d'arabe que je suivais à l'université. Il s'agissait d'une version irakienne des Contes des *Mille et une nuits* rédigée en arabe ancien qui n'avait rien de particulièrement remarquable par rapport aux autres. La seule raison pour laquelle je m'en souviens c'est à cause d'une phrase en arabe qui retint mon attention. Il est impossible d'en donner une traduction littérale mais cette phrase me rappelait une histoire concernant le roi Salomon extraite du Coran. Et, quand j'en ai vérifié la source dans le Coran, c'était bien de là que venait cette tournure de phrase. Je suis sûre que vous êtes nombreux à connaître l'histoire du roi Salomon. La version racontée dans le Coran est incroyablement similaire, sauf que cet écrit fournit une liste détaillée des êtres sur lesquels s'exerçait le pouvoir de ce roi. Parmi eux, on trouve les Djinns. Selon la mythologie islamique, les Djinns étaient soumis à la volonté du roi et l'aidaient par toute sorte de magie. La tradition orale commune en Jordanie dit que les Djinns sont des êtres d'énergie capables de donner à ceux qui les contrôlent un pouvoir sur les éléments. Le Coran mentionne spécifiquement la maîtrise des vents et l'aptitude à comprendre le langage des oiseaux et des animaux.

Un an plus tard, j'eus sous les yeux un passage d'un texte arabe du Maroc qui discutait de la possibilité qu'il existe aujourd'hui de se connecter aux Djinns et de les contrôler. Le texte suggère en premier d'établir une relation avec le Djinn. Il suffit pour cela de reconnaître le lieu de résidence du Djinn en question et de lui faire des offrandes. Ensuite, il faut contrôler sa volonté, soit en rusant ou en accomplissant une tache quelconque en sa faveur pour que le Djinn vous soit redevable. Ma première réaction fut de me dire que je n'avais aucune idée de l'endroit où je pourrais trouver un Djinn et que j'étais fondamentalement opposée à l'esclavage. De toute façon, le texte même était codé et la personne qui avait traduit ce passage et qui me l'avait fait partager n'était pas sûre à 100 % de son exactitude. Je décidai donc d'abandonner cette information et d'approfondir ma connaissance des Djinns.

Quelque temps après, j'eus une discussion avec mon maître de magie concernant le travail avec les énergies élémentales car je n'avais pas encore fait ce genre de chose consciemment jusqu'alors. Elle me décrivit exactement ce qu'était ces énergies élémentales et comment je pouvais m'y relier. La seule chose qu'elle était incapable de me communiquer était la façon dont ces dernières pourraient m'aider dans mon travail de magie. En gros, le problème venait du fait que l'énergie étant dotée d'une conscience, il était très difficile de dire quand ses propres disponibilités seraient en phase avec l'intention du pratiquant. En creusant la question de mon côté, j'ai trouvé deux choses. La première c'est que la plupart des livres n'accorde aucune conscience à l'énergie. La deuxième, c'est que ces mêmes livres ne proposent qu'un travail limité sur ce type d'énergie. Ils suggèrent essentiellement de les inviter à intervenir pendant le travail de magie sous la forme qu'elles souhaitent, en lançant des invitations à la volée. Ce qui me manquait c'était un minimum de suivi.

Pour moi, la magie est un exercice contrôlé. Quand je lance un sort, je veux en connaître le résultat, le laps de temps dans lequel il va se manifester et le degré d'énergie demandé pour réaliser mon objectif. La méthode pour se relier aux élementaux décrite dans les livres que j'avais lus enlevait tout contrôle (à moi l'enchanteur) pour le placer dans les mains d'une énergie désireuse ou non de faire des efforts pour m'aider. Pourtant, je sentais bien le potentiel qu'il y avait à travailler avec les élémentaux.

En commençant à réfléchir sur ce que je savais des élémentaux, j'ai compris plusieurs choses :

- Il existe des êtres composés d'énergie.
- Cette énergie est liée en quelque sorte aux quatre éléments fondamentaux de la magie : la terre, l'air, le feu et l'eau.
- Ces êtres peuvent apporter leur aide occasionnellement lors d'un travail de magie ou de rituel.
- La plupart des gens tendent à faire l'amalgame entre les élémentaux et les éléments ou les confondent avec une représentation des éléments avec lesquels ils sont associés.

Quand j'ai écrit ce que je savais dans mon livre d'ombres, j'ai vite réalisé que ces énergies élémentales étaient très similaires à la description des Djinns que j'avais lue à la fois dans les contes des *Mille et une nuits* et dans le Coran. Je suis allée rechercher dans mes dossiers les notes que j'avais prises sur le texte marocain et j'ai décidé de modifier les suggestions qui y figuraient pour voir comment cela fonctionnerait si l'on y substituait les énergies élémentales. Le résultat final fait l'objet de ce chapitre.

Travailler avec l'énergie élémentale est un bon raccourci pour accomplir un travail de magie efficace. Il existe de nombreuses variations autour des énergies élémentales auxquelles se relier. Quand on travaille avec ces énergies, il est important de garder à l'esprit les points suivants :

- Il s'agit d'énergies conscientes qui ont leur propre programme, objectifs et désirs.
- On ne peut pas les forcer ou leur ordonner de travailler avec soi.
- Pour un fonctionnement optimal, il faut ajouter sa propre énergie à celle des élémentaux auxquels on se relie.

Ceci étant dit, une fois qu'une relation de travail, ou mieux une relation d'amitié, s'est établie avec un élémental, l'on constate une amélioration évidente dans son propre travail. Quelquefois les élémentaux feront certaines choses pour vous aider sans même que vous ayez à leur demander. Dans ce chapitre, vous allez apprendre quels sont les différents types d'élémentaux, ce qu'ils peuvent faire et ce à quoi il faut s'attendre quand on travaille avec eux. Vous apprendrez à établir une relation avec les énergies ou les esprits élémentaux. Vous apprendrez également à combiner votre énergie à la leur pour produire un travail efficace.

Quand j'étais enfant, les relations que j'entretenais étaient basées sur l'instinct. Je ne pensais pas qu'en m'asseyant au soleil et qu'en savourant le lien privilégié que j'avais établi avec mon environnement, je faisais quelque chose de particulier. Je ne me suis jamais rendu compte que je développais des liens amicaux avec les élémentaux de l'air et de la terre qui vivaient dans cette petite vallée. Mais c'est exactement ce que je faisais. Pour un adulte, les actes d'un enfant paraissent souvent idiots voire embarrassants. On oublie facilement que ces derniers agissent d'une façon instinctive que nous réprimons à l'âge adulte. L'une des choses les plus difficiles dans le travail de magie est d'apprendre à mettre de côté ces pensées, celles qui vous disent « c'est idiot » ou « j'ai l'air stupide quand je fais ça », et de se laisser aller. Si vous êtes incapable de le faire, établir une connexion avec les élémentaux sera d'autant plus difficile.

EXERCICE 3.1
Acceptez de se rendre ridicule aux yeux des voisins

Il faut :

15 minutes dans un endroit en plein air que vous aimez tout particulièrement (votre jardin, un parc, ou dans un lieu où vous pouvez vous relier à la nature)

Une fois sur place, prenez un moment pour absorber l'environnement. Demandez-vous ce qui vous plait tant dans cet endroit. Est-ce le ruisseau dont l'eau coule délicatement sur vos pieds ? Est-ce le vieux chêne sous lequel vous aimez vous asseoir ? Est-ce encore l'herbe qui vous chatouille quand vous marchez pieds nus ? Sont-ce les belles-de-nuit que vous prenez plaisir à voir s'ouvrir au coucher du soleil ? Ou est-ce l'odeur du jasmin qui emplit vos sens à chaque inspiration ? Il peut y avoir plusieurs raisons qui font de ce lieu votre endroit préféré.

Quand vous avez identifié un ou plusieurs éléments que vous aimez particulièrement dans cet endroit, approchez-vous en et dites à voix haute que vous les aimez. Remerciez-les.

Vieux chêne, je t'aime parce que tu es fort et beau.
Merci pour être toujours là pour moi.
J'apprécie ta présence fidèle à mes côtés.

Oui je sais, je vous demande d'aller vers un arbre pour lui dire que vous l'aimez et oui je suis sérieuse à 100 %. Non, je ne me préoccupe pas du qu'en-dira-t-on. Quand vous aurez terminé avec chaque élément de cet endroit, remerciez le lieu tout entier.

Jardin, tu fais partie de mes endroits préférés
car tu m'accueilles toujours dans ta paix. Merci.

C'est un exercice important. Cela peut vous paraitre idiot, mais dans mon travail avec les élémentaux, je trouve que dire « merci » est une partie essentielle pour créer du lien. Exprimer votre appréciation signifie que vous leur porter autant d'amour que vous en attendez d'eux en retour. Après tout, si votre objectif est de leur demander leur aide à l'avenir, faites-leur savoir dès maintenant qui vous êtes vraiment.

Tout le monde s'accorde à dire qu'il existe quatre énergies élémentales principales : la terre, l'air, le feu et l'eau. Chacune de ces grandes catégories représente une variété d'élémentaux qui partagent tous certaines similitudes. Il existe ensuite des énergies composées d'un amalgame de deux éléments ou plus.

Certaines compétences sont nécessaires pour travailler avec les élémentaux : il faut pouvoir établir une relation avec afin de leur communiquer vos objectifs. Vous devez ensuite bien comprendre ce sur quoi l'élémental que vous avez choisi veut ou peut vous aider. Finalement, vous aurez à fournir une partie minimale de l'énergie nécessaire pour faire le travail. Si l'une de ces étapes est manquante, le travail sera très probablement voué à l'échec.

Nous insisterons en premier sur l'établissement d'une relation entre vous-même et les élémentaux. Comme pour n'importe quelle relation d'amitié, cela n'arrive pas du jour au lendemain. Mais avec du temps et des efforts, ce lien deviendrait plus fort, durable et spectaculaire.

EXERCICE 3.2
Etablir un lien avec les élémentaux

Il faut :

10 minutes par jour aussi longtemps que nécessaire

Commencez par identifier l'énergie à laquelle vous voulez vous relier. Puis trouvez un endroit où vous ressentez une forte connexion à ce type d'énergie. Par exemple, quand je désire me connecter aux élémentaux de l'air, je vais généralement sur le toit de la résidence où j'habite. Les vols transatlantiques sont également formidables pour ce genre de chose. L'endroit choisi doit être le reflet du lien recherché. Choisissez un endroit qui fait sens pour vous et où vous pouvez vous détendre et ouvrir votre troisième œil durant tout le processus.

Installez-vous confortablement et ouvrez votre troisième œil. Pour ma part, je me concentre sur l'espace situé au milieu du front et je visualise ce centre d'énergie comme un œil qui s'ouvre. Mais vous pouvez utiliser n'importe quelle technique de visualisation qui vous convient.

Formulez l'intention de communiquer avec l'élémental choisi en appliquant les techniques de volonté et de concentration présentées au chapitre 1. Avec votre troisième œil ouvert, observez l'énergie de l'endroit que vous avez choisi. Que voyez-vous ?

Utilisez une des techniques d'élévation de l'énergie que vous connaissez pour canaliser l'énergie. Il peut s'agir d'une des techniques présentées au chapitre 2 ou de votre technique personnelle. Maintenez cette énergie dans le centre du corps (l'espace situé entre le ventre et la poitrine).

Visualisez l'énergie qui prend l'apparence de l'élémental auquel vous voulez vous relier. A nouveau, cette démarche est toute personnelle. Laissez ensuite l'énergie se déployer vers l'extérieur et en la diffusant, voyez-la qui appelle l'élémental choisi.

Puis attendez. Normalement, je ressens la présence d'une énergie élémentale au bout de quelques minutes. Les premières fois, l'énergie sera vraiment subtile et vous penserez peut-être avoir tout imaginé. Mais c'est faux. (Si vous ne ressentez absolument rien, essayez de nouveau le lendemain. Cela requiert du temps et des efforts. Le degré de succès initial variera en fonction de votre assurance et de votre expérience.)

Entamez le dialogue avec l'énergie élémentale. Si vous ne savez pas trop par où commencer, dites-lui votre nom, tout simplement. Généralement, je communique par images plutôt que par mots, cela marche mieux. A mesure que votre relation avec les élémentaux s'approfondira, ils vous renverront la balle et vous pourrez avoir ainsi une véritable conversation.

A la fin de ce dialogue, remerciez l'énergie d'être venue. N'oubliez pas de redonner à la terre, le trop-plein d'énergie que vous aurez mobilisée.

Je vous conseillerais de passer au moins un mois à travailler avec un seul type d'énergie élémentale avant de passer au suivant car cela prend du temps pour comprendre toutes les nuances de l'énergie choisie. Un test pour savoir si vous êtes prêt à passer à une autre énergie consiste à voyager avec votre énergie élémentale. Voyager avec un élémental ressemble à une projection astrale dans le sens où vous dépassez les limites du corps. Dans ce cas, vous devenez l'élémental pendant la durée du voyage.

Pendant l'été 2009, j'eus l'occasion d'aller en Israël. Avec quelques amis nous décidâmes d'aller visiter les mines du roi Salomon pour le plaisir. Il s'agit d'un parc national, au centre du désert de Néguev, où sont censées se trouver les mines d'or du roi Salomon mentionnées dans la Bible. Avant que vous ne vous fassiez de fausses idées, les mines qui se trouvent dans cette région sont en fait des mines de cuivre et elles sont plus probablement d'origine égyptienne, comme le prouve le magnifique temple d'Hathor avec son lac artificiel et les hiéroglyphes qui recouvrent les parois de ses caves. Cependant, le mythe persiste et le gouvernement israélien est bien content de pouvoir capitaliser sur la fascination qu'exerce ce lieu hautement religieux.

Ceci étant dit, une excursion dans ces mines signifie randonnée et escalade. En milieu d'après-midi, quand mes camarades déclarèrent qu'il était temps de faire une pause, je m'assis sur une avancée rocheuse, une bouteille d'eau fraîche dans une main et mon MP 3 dans l'autre. Cela faisait des années que je n'étais pas allée dans le désert de mon pays natal et je décidai d'ouvrir mon troisième œil pour voir si je pouvais à nouveau communiquer avec les élémentaux de la terre comme quand j'étais enfant. Le résultat fut spectaculaire. Je me souviens encore de la sensation que j'eus de devenir un tout petit grain de sable. Ce fut un voyage spontané, totalement improvisé.

Dans les quatre prochains exercices, je vais vous présenter le script de quatre voyages élémentaux. Ils sont basés sur des expériences personnelles que j'ai faites lors de mon travail avec eux. Si vous êtes avancé dans votre pratique, éloignez-vous quelque peu de ces scripts. Ces derniers sont proposés comme guides pour les débutants qui ont une expérience limitée avec le travail de visualisation ou de transe. Cette série d'exercices est conçue pour être utilisée de concert avec l'exercice 3.2, donc n'oubliez pas de commencer par celui-là. Vous n'êtes pas obligé de faire les exercices dans l'ordre. Si vous êtes débutant, il vaut mieux vous connecter à l'énergie élémentale la plus proche de vous. Vous pouvez également faire les exercices sans passer par l'exercice 3.2 et les utiliser comme méditations guidées pour vous aider à mieux comprendre l'énergie avec laquelle vous vous reliez.

EXERCICE 3.3
L'air

Il faut :

10-15 minutes

Fermez les yeux et prenez un instant pour vous centrer (ne vous ancrez pas dans l'énergie de la terre, il est difficile de voler avec des racines aux pieds). Une fois centré, assurez-vous que votre énergie interne circule librement, sans aucun blocage. Si besoin est, passez par chaque chakra pour que l'énergie circule parfaitement d'un point à un autre.

Lentement laissez la conscience se déployer vers l'extérieur et venir frôler votre enveloppe corporelle, juste à l'endroit où finit le corps et où commencent les contours de l'aura et de vos boucliers.

Laissez l'attention se fixer sur la sensation de l'air qui balaie votre peau, de la respiration qui entre et sort de votre corps. A l'extérieur du corps, appréciez l'immensité du ciel autour et la sensation de l'air environnant, même si c'est la terre qui vous berce. L'air est partout, où que vous soyez. C'est le même air qui vous ébouriffe les cheveux, la même brise qui vous rafraîchit le corps et vous coupe le souffle, le même air qui peut être tendre ou cruel.

Et puis soudain, vous vous dissolvez pour n'être plus qu'énergie et une forte brise vient vous porter sur son courant. Vous surfez dessus librement, sans crainte, en apesanteur. Porté par le vent, l'environnement parait immatériel. Vous tournez au gré de vos envies, libre et désincarné. Votre œil intérieur s'ouvre au son de doux éclats de rire qui vous parviennent comme des milliards de cloches tintant dans la brise. Juste au-dessus de vous, un élémental vous fait un signe avant de s'envoler dans la brise. Vous le suivez et ensemble vous naviguez sur les courants aériens ascendants pour venir balayer l'immensité de l'espace et vous descendez pour venir frôler un grain de sable. C'est à ce moment que l'élémental vous lance un joyeux au revoir avant de continuer sa chevauchée et vous réalisez que c'est vous le grain de sable. Une rafale de vent se lève renvoyant les millions de pièces qui vous constituent et qu'il avait emportées, et vous voilà de retour. Vous murmurez tout doucement « merci » avant d'ouvrir les yeux.

EXERCICE 3.4
Le feu

Il faut :

10-15 minutes

Fermez les yeux et prenez un instant pour vous centrer (ne vous ancrez pas dans l'énergie de la terre ou n'essayez pas d'attirer son énergie). Puis, assurez-vous que votre énergie interne circule librement, sans aucun blocage. Si besoin est, passez par chaque chakra pour que l'énergie circule parfaitement d'un point à un autre.

Lentement laissez la conscience se déployer vers l'extérieur et venir frôler votre enveloppe corporelle, juste à l'endroit où finit le corps et où commencent les confins de l'aura et de vos boucliers.

Concentrez la conscience sur l'énergie présente à l'intérieur du corps. Cette énergie c'est vous, et non votre peau ni votre chair. Plus vous le comprenez, plus le corps physique se dissout et plus vous devenez énergie.

Une chaleur progressive vous envahit. Ce sentiment n'est ni désagréable ni douloureux, il est juste le reflet de votre propre énergie. Vous êtes une flamme ; une brûlure brillante qui se reflète dans le soleil et dans le noyau en fusion de la terre. Vous brûlez sans être consumé, car vous êtes cette flamme. Quand vous regardez autour de vous, vous réalisez que vous n'êtes pas la seule flamme alentour. Il existe des milliers de points lumineux autour de vous qui représentent tous une flamme unique. Elles fouettent l'espace, déversant des spirales de feu dans leur sillage, elles jouent et insistent pour que vous vous joigniez à elles. Vous sentez leurs fines volutes vous caresser, vous toucher avec leurs mains invisibles, elles vous entraînent dans leur sillage.

Vous êtes le feu qui fait rage dans la forêt, le dévoreur des choses mortes et l'ultime transformateur. Les flammes vous balaient encore plus vite et vous dansez avec elles, d'un feu de plus en plus brillant jusqu'à ce qu'une lumière blanche et pure transforme tout autour de vous et que vous vous consumiez. La lumière s'estompe dans la douceur de l'ombre et vous dérivez un instant tandis que revient la conscience du monde physique. Avant d'ouvrir les yeux, les flammes vous entourent une dernière fois, vous réchauffant tendrement, le feu affichant un jour plus doux. Dans une dernière caresse, elles s'en vont et vous revoici.

EXERCICE 3.5
L'eau

Il faut :

10-15 minutes

Fermez les yeux et prenez un instant pour vous centrer (ne vous ancrez pas dans l'énergie de la terre ou n'essayez pas d'attirer son énergie). Puis, assurez-vous que l'énergie interne circule librement, sans aucun blocage. Si besoin est, passez par chaque chakras pour que l'énergie circule parfaitement d'un point à un autre.

Lentement laissez la conscience se déployer vers l'extérieur et venir frôler votre enveloppe corporelle, juste à l'endroit où finit le corps et où commencent les confins de l'aura et de vos boucliers.

Une goutte de pluie lourde et tiède se met à tomber suivie d'une autre et d'encore une autre et bientôt vous vous dissolvez dans un déluge torrentiel. Le corps physique s'efface à chaque goutte de pluie qui tombe et vous vous transformez progressivement en pure énergie. Vous êtes une bouée flottant au-dessus du lac qui rapidement vous encercle, ballotté par les vagues. Une main sort du plan d'eau et vous salue. L'énergie que vous êtes lui tend la main et, à ce contact, vous devenez pluie. La main vous attire vers le fond et l'eau que vous êtes devenu se fond avec celle du lac. Vous comprenez alors que chaque goutte d'eau est un minuscule élémental vous invitant à le suivre. Tous ensemble, ils plongent dans la terre, certains rejoignant des réserves d'eau très profondes, d'autres s'évaporant en nuages. D'autres encore sont absorbés par les racines des plantes, apportant vie et nourriture.

Vous suivez cette eau dans son parcours vers les racines d'un vieux chêne, remontant son tronc, vous rapetissez à mesure que vous coulez dans ses branches puis dans ses feuilles. Vous êtes une gorgée d'eau qui ravive celui qui a soif. Vous comprenez alors que le chêne c'est vous. Tandis que revient la conscience du corps physique, la main sur l'eau vous dit au revoir et quand vous ouvrez les yeux vous essuyez une larme.

EXERCICE 3.6
La terre

Il faut :

10-15 minutes

Fermez les yeux et prenez un instant pour vous centrer. Puis, assurez-vous que l'énergie interne circule librement, sans aucun blocage. Si besoin est, passez par chaque chakra pour que l'énergie circule parfaitement d'un point à un autre.

Lentement laissez la conscience se déployer vers l'extérieur et venir frôler votre enveloppe corporelle, juste à l'endroit où finit le corps et où commencent les confins de l'aura et de vos boucliers.

Vous êtes dense et solide. Rien ne peut vous faire bouger. Vous êtes aussi lourd qu'un rocher. Le vent vous fouette, la pluie vous tombe dessus, le feu brûle autour de vous et en vous mais rien ne peut vous déplacer. Vous sentez le chatouillis des plantes qui enfoncent leurs racines, à la recherche de votre cœur. A chaque foulée, les animaux vous laissent leurs empreintes. Vous êtes une terre en miniature flottant dans le cosmos. D'autres blocs de terre flottent autour de vous, tout aussi solides. Ils sont des millions, se déplaçant dans un apparent chaos. Mais, au fur et à mesure, vous commencez à vous apercevoir que, malgré une apparente solidité, vous n'êtes pas plus gros qu'un grain de sable qui pourrait passer par le chas d'une aiguille.

Vous êtes ballotté par les vents d'un côté à l'autre de l'univers, inchangé toujours aussi solide et imposant. Le poids des ans pèse lourdement sur vos épaules, des milliards d'années de sagesse. Vous êtes une planète énorme et un grain de sable minuscule. Vous êtes terre. Dès que vous réalisez cela, la conscience que vous avez de vous-même commence à revenir. Vous vous sentez plus léger, plus mobile. Avant d'ouvrir les yeux, votre main va toucher la terre et sa fermeté vous rassure.

Une bonne compréhension des éléments, vous permettra de mieux choisir les outils avec lesquels vous voulez travailler et à quelles énergies vous souhaitez vous relier. Le but final est d'arriver à puiser dans les énergies élémentales sans recourir à une représentation physique de ces éléments. Après tout, les éléments sont présents tout autour de nous, en permanence, même les jours où assis à notre poste de travail depuis si longtemps, nous en oublions presque l'existence du monde extérieur.

Une partie importante de la pratique des Wiccans est d'apprendre à se relier et à travailler avec les quatre éléments. Importance également ressentie dans le travail de magie parce que les besoins formulés sont rarement satisfaits avec l'aide d'un seul élémental, quelle que soit la force du lien établi. Comme vous l'avez probablement remarqué, les exercices précédents insistent sur chaque élémental, pris individuellement. Une fois que votre ressenti pour chaque élémental est clairement établi et que vous savez comment vous connecter avec celui de votre choix, vous pourrez commencer à travailler avec plusieurs énergies élémentales. L'exercice suivant va vous montrer, étape par étape, comment vous connecter à l'ensemble de ces quatre éléments.

Cela fait six ans que j'organise au début de l'hiver une séance de magie sur les rives du lac Michigan. En cette saison, le vent souffle très fort et j'ai l'habitude d'allumer un feu sur le sable juste en bordure de l'eau. Le but de cette séance est de souhaiter la bienvenue à l'hiver et de lui demander très poliment que la neige qui arrive soit transformatrice plutôt que destructrice. Il s'agit du travail élémental le plus puissant que je fais chaque année. Pendant le déroulement de mon travail, je ressens la présence de chacune des quatre énergies élémentales. Au début, elles m'apparaissent séparées et distinctes. A la fin, je suis incapable de dire où commence l'une et où finit l'autre. Je mélange mon énergie et la connaissance que j'ai de chaque élément pour obtenir un résultat très puissant. J'utilise les quatre éléments parce qu'il ne s'agit pas juste d'un travail météorologique.

EXERCICE 3.7
Danse de transformation

Il faut :

10 minutes

Fermez les yeux et relâchez toutes les tensions présentes dans le corps. Respirez. Laissez le corps physique se dissoudre et devenir énergie. Ressentez que vous êtes cette énergie qui se transforme pour prendre l'apparence de la terre. Vous êtes lourd, dense, bien ancré, vous glissez progressivement dans le ventre de la terre. Pendant quelques instants, concentrez-vous sur ce ressenti. C'est de vous que les plantes tirent leur nourriture, c'est en vous que les animaux creusent leur terrier pour se protéger. Vous êtes la terre. Sans vous, aucune vie n'est possible.

Laissez-vous transformer de nouveau. Vous commencez à avoir chaud, si chaud que vous vous liquéfiez, vous fondez, vous vous enflammez. Vous vous enfoncez dans les entrailles de la terre. Vous explosez en étincelles, en une flamme brûlante. Vous êtes le feu. Concentrez-vous sur ce ressenti. Vous détruisez pour apporter le renouveau. Vous coulez à l'intérieur du noyau en fusion et le suivez alors qu'il remonte à la surface, cassant la croûte terrestre en vous expulsant de la gueule d'un volcan. Vous êtes le feu qui s'élance dans les airs, puis vous vous transformez de nouveau.

Vous n'êtes plus feu mais quelque chose de plus frais, de plus léger. Vous êtes une brise d'été ou la bise en hiver. Vous soufflez sur la surface de la terre ; transportant les oiseaux, les insectes. Sans vous, impossible de voler. Vous êtes la respiration qui circule dans les poumons de l'être humain. Vous êtes l'air. Concentrez-vous sur ce ressenti.

Quand vous êtes prêt, laissez-vous transformer de nouveau. Vous devenez plus lourd mais êtes toujours transparent. Vous êtes plus frais mais pas froid ; énergie légèrement dense, vous vous rassemblez en un nuage d'eau transporté par la brise. Pendant quelques instants, concentrez-vous sur ce ressenti. La vie se nourrit de votre eau: plantes, animaux, humains. Vous êtes rivières, lacs, mers. Laissez-vous tomber du ciel comme la pluie. Chacune de vos gouttes danse dans les airs et dès que vous touchez le sol, vous revoilà transformé en énergie avant de réintégrer votre moi physique.

Votre travail ne doit pas se limiter à un seul des quatre éléments. Comme je l'ai mentionné au début de ce chapitre, il existe des énergies qui, bien qu'appartenant à un élémental en particulier, renferment la vibration d'autres élémentaux. Travailler sur le temps qu'il fait en est une bonne illustration. Quand je fais ce genre de travail, je me connecte aux élémentaux de l'air et de l'eau, au minimum. Souvent l'énergie sur laquelle je travaille m'apparait comme un hybride de ces deux élémentaux et je suis incapable de les distinguer clairement. Ces énergies sont tellement imbriquées l'une dans l'autre qu'elles forment un seul type d'énergie qui s'apparente à la fois à l'air et à l'eau.

Au début de ce chapitre, nous avons présenté trois étapes importantes d'un travail faisant appel aux les énergies élémentales. La première série d'exercices vous a permis d'établir une relation avec les élémentaux. Il est temps maintenant d'apprendre à travailler avec. Mais en premier, il faut bien savoir que les énergies élémentales possèdent une conscience propre et qu'en deuxième, l'on doit ajouter sa propre énergie et intention au travail pour atteindre l'objectif.

Les exercices suivants capitalisent sur les techniques acquises dans les premières pages de ce chapitre ainsi que sur notre discussion des chapitres 1 et 2. L'objectif principal de cet ouvrage est de vous aider à créer des enchantements qui fonctionnent avec un minimum de planification et de temps. Pour arriver à ce stade, vous devenez vous entraîner. Lire et comprendre ne suffisent pas, il vous faut également appliquer ces techniques à toutes les facettes d'un travail de magie, et ce de façon régulière

Comme nous l'avons indiqué précédemment, cette partie de l'ouvrage est axée plus particulièrement sur un travail avec les énergies élémentales. Ce type de fonctionnement se distingue des autres par son lien direct avec la volonté et l'attention. Dans ce type de démarche, il ne suffit pas seulement d'identifier sa propre volonté et attention ; il faut également prendre en compte l'énergie consciente invoquée et voir si elle peut et veut vous aider avec l'intention formulée dans le travail considéré. C'est une réflexion cruciale qui requiert une compréhension exacte de la nature du lien existant avec l'élémental.

Vous apprendrez à identifier les compétences de l'élémental avec lequel vous travaillez à mesure que la relation avec les différents élémentaux s'établira. En tant que débutant, vous devez aller chercher vos informations à la source pour savoir ce que l'élémental peut faire. Il existe de nombreux livres qui prétendent parler au nom des énergies conscientes mais, d'après mon expérience, les informations fournies sont trompeuses et incomplètes. Ces livres partent du principe que les élémentaux partagent le même type d'associations que les nôtres concernant les éléments. Travailler avec les élémentaux du feu pour un enchantement d'amour, en est l'exemple-type.

Je ne dis pas qu'un élémental feu ne sera pas utile pour ce genre d'enchantement. Je dis seulement que vous ne devez pas trop compter sur son aide. Ce ne sont pas des énergies que vous pouvez diriger et il est déplacé de croire qu'elles peuvent faire tout ce que vous leur demandez. Dans l'exercice 3.2, nous avons présenté la façon de communiquer avec les élémentaux. Dans le prochain exercice, nous allons appliquer ce que nous avons appris au chapitre 1 et dans l'exercice 3.2 à un travail avec les élémentaux.

EXERCICE 3.8
Poser la question

Il faut :

10-15 minutes

Commencez par formuler votre besoin. Puis refaites la démarche proposée dans le chapitre 1 pour vous assurer d'avoir bien déterminé votre objectif.

Concentrez-vous pendant quelques minutes pour créer une image mentale claire de ce que vous voulez accomplir. Par exemple, si vous voulez faire un enchantement d'amour, vous devez au préalable créer l'image mentale d'une nouvelle rencontre. Ensuite, vous pouvez en créer une autre de vous en compagnie de cette personne en train de sortir ensemble, etc.

Puis, réfléchissez au rôle de l'élémental et créez-en une image mentale. Par exemple, si vous travaillez avec l'élémental air, vous pouvez le visualiser en train de chuchoter à l'oreille de la personne de bonnes choses sur vous ou de l'encourager à vous appeler. Ou bien alors, vous pouvez visualiser cet élémental en train de pousser, par son souffle, l'être aimé dans votre vie

Refaites les différentes étapes de l'exercice 3.2 pour convoquer l'élémental de votre choix. Pendant que vous communiquez, faites renaître mentalement les images que vous avez créées et concentrez-vous dessus pendant que vous les lui envoyez. Pendant ce temps, gardez en tête l'image de l'élémental en train de vous aider à atteindre votre objectif et demandez-lui s'il peut faire quelque chose pour vous. La réponse vous parviendra sous la forme qu'il aura choisie. Si vous n'êtes pas sûr de la réponse, vous pouvez vérifier avec un pendule ou des cartes de tarot.

Une fois que l'élémental aura répondu à votre question, à vous de décider de la suite à donner. Si la réponse est négative, vous avez deux options. Vous pouvez soit continuer sans son aide ou bien revoir la formulation de votre cadre de travail et du rôle que l'élémental est censé y tenir. Si la réponse est positive, passez directement à l'exercice 3.9.

EXERCICE 3.9
Ajouter de l'énergie

Il faut :

10 minutes

Suivez les étapes des exercices 3.2 et 3.8 (si ce n'est déjà fait). Utilisez ensuite l'une des techniques pour élever l'énergie présentée dans le chapitre 2, ou la vôtre, si vous avez suffisamment d'expérience dans votre pratique.

Maintenez l'énergie canalisée dans le centre du corps. Visualisez l'élémental assis ou debout en face de vous. Tendez les mains devant vous, paumes face au ciel. Attirez l'énergie à partir du centre du corps et faites en circuler une partie sur la paume de chaque main. Visualisez l'élémental les mains tendues, paumes au-dessus des vôtres. Vous ressentirez peut-être un brusque sursaut d'énergie à ce moment, comme quand deux aimants se rejoignent. Selon votre propre connexion avec les éléments, vous aurez l'impression d'être soit attiré ou repoussé. Si vous êtes synchrone avec eux, vous ressentirez de l'attirance.

Personnellement, j'ai une très forte identification à l'eau et à la terre. Quand je travaille avec ces énergies ou ces élémentaux, mon énergie est complémentaire à la leur et j'ai la sensation de deux aimants de charge similaire qui s'épousent. Si je travaille avec le feu ou l'air, par contre, deux énergies auxquelles je ne suis pas reliée personnellement, j'ai une sensation de rejet semblable à celle qu'on peut avoir quand on tient deux aimants de charge opposée à proximité l'un de l'autre.

Vous pouvez travailler avec toute sorte d'énergie, il faut juste que vous soyez conscient que certaines d'entre elles seront naturellement moins réceptives à votre propre énergie. Si vous travaillez avec des énergies élémentales complémentaires (celles qui vous attirent), l'énergie de l'élémental se fondera dans la vôtre sans effort particulier de votre part. A mesure que l'énergie que vous avez canalisée entre en contact avec l'énergie élémentale qui la survole, votre propre énergie va commencer à se déplacer vers l'élémental. A ce point-là, vous devez faire bien attention de ne pas laisser l'élémental absorber la totalité de l'énergie. Il doit en retenir une partie alors que vous conservez la main mise sur l'autre extrémité. Ensuite, avec son aide, dirigez l'énergie vers l'enchantement. Si vous êtes avancé dans votre pratique, suivez la procédure normale. Si vous débutez, je vous conseillerais d'utiliser l'extrémité de l'énergie que vous retenez pour charger les objets utilisés dans le cadre de l'enchantement. Ou bien, vous pouvez régler l'énergie sur votre intention pour ensuite la relâcher dans le monde extérieur et ainsi concrétiser vos objectifs.

Si vous travaillez avec des élémentaux conflictuels (ceux pour lesquels vous éprouvez un sentiment de rejet) commencez par façonner l'énergie canalisée en fonction des caractéristiques de l'énergie élémentale que vous avez choisie pour vous aider dans votre travail. Pour ce faire, concentrez-vous sur cette énergie et visualisez-là à mesure qu'elle se transforme pour refléter l'énergie de l'élémental. Vous pouvez ensuite passer à l'étape suivante.

Il existe de nombreuses méthodes pour associer les énergies. Elles ne sont limitées que par vos compétences personnelles et votre imagination. Si vous débutez, je vous conseillerais d'expérimenter différentes techniques jusqu'à ce que vous trouviez celle, ou celles, qui vous convient le mieux (voir exercices 2.1, 2.2 et 3.3 pour quelques suggestions). Vous pouvez également consulter mon premier livre, *Energy Essentials for Witches and Spellcasters*, pour des conseils sur l'utilisation d'incantations ou de danses pour déplacer et associer les énergies.

Maintenant que vous savez comment vous connecter et combiner votre propre énergie à celle des élémentaux, vous devriez être en mesure d'utiliser cette énergie systématiquement dans votre travail d'enchantement et de rituel. Plus vous travaillerez avec les énergies, plus votre relation avec les élémentaux se renforcera et plus les efforts à fournir pour établir le contact seront moindres.

Avant d'enchaîner sur la présentation de la prochaine série de savoir-faire, il est important de comprendre comment travailler avec une énergie élémentale dans le cadre d'un enchantement. Il existe de nombreuses façons de se relier aux élémentaux et au cours de votre collaboration, ils choisiront peut-être de vous révéler d'autres approches relationnelles que celles présentées dans cet ouvrage.

J'aide mon jardin à pousser

Faites vos plantations dans le jardin comme d'habitude. Puis choisissez une belle journée et asseyez-vous au soleil pendant quelques instants.

> Voir exercice 3.2 pour établir la connexion ou écrivez celle qui vous convient.

Méditez et établissez une connexion avec les élémentaux de la terre.

Une fois connecté à l'énergie élémentale, entrez en communication et créez une image mentale de votre jardin. Commencez par les graines, visualisez la germination, la pousse. A la fin, gardez à l'esprit l'image d'un beau jardin luxuriant. Demandez à l'énergie élémentale si elle veut travailler avec vous dans l'accomplissement de cet objectif.

> Assurez-vous d'avoir obtenu l'accord de l'énergie élémentale avec laquelle vous travaillez avant de continuer le travail.
> Si l'élémental refuse de vous aider, vous pourrez continuer le travail, sans elle.

Avec son accord, puisez l'énergie de la terre et mélangez-la avec celle de l'élémental et puis dirigez-la pour qu'elle retombe en petites gouttes de pluie sur les graines plantées dans votre jardin.
Occupez-vous ensuite de votre jardin comme à l'accoutumée.

Dans le chapitre suivant, nous allons présenter quelques outils magiques ainsi que la façon d'utiliser les raccourcis et méthodes déjà vus dans les trois premiers chapitres pour obtenir des résultats spectaculaires nécessitant très peu de préparation. C'est un travail qui peut être fait pratiquement partout, aussi bien dans un bus bondé que dans la solitude d'une salle de rituels.

Avant de continuer, n'oubliez surtout pas que plus vous fournissez d'efforts au début, moins vous aurez à en fournir plus tard pour le même objectif. C'est particulièrement vrai pour les novices dans l'art de la sorcellerie. Certaines choses qui me prenaient une heure à mes débuts, ne me demandent plus que quelques minutes à présent. Ne vous découragez pas si vous vous sentez dépassé par les exercices proposés ou si vous n'arrivez pas à établir une connexion immédiatement. Plus vous pratiquerez et plus ce sera facile.

CHAPITRE

4

LES OUTILS MAGIQUES

J'AURAIS PU DEBUTER CE chapitre par n'importe quel savoir-faire clé dans l'art de la magie ; il existe en effet énormément d'outils formidables qui peuvent être choisis comme point de départ. Mais j'ai voulu commencer par là où j'avais moi-même débuté, avec la magie populaire du thé, de la teinture et de la fabrication de potions, compétences que j'ai acquises étant enfant.

Mon arrière-grand-mère, femme que j'idolâtrais, m'a appris pratiquement tout ce que je sais sur l'art de la magie. Elle était guérisseuse, astrologue, entremetteuse et sorcière. Jeda connaissait des choses qui dépassent largement l'idée qu'on peut se faire d'une femme peu éduquée, vivant au cœur même du Moyen-Orient. Presque tout ce qu'elle m'a enseigné lui venait de ce qu'elle avait elle-même appris quand elle était petite, au début du vingtième siècle. Nous pensons qu'elle est née aux alentours des années 1890. Elle se souvenait clairement de son enfance nomade passée à voyager à travers tout ce qui s'appelait à l'époque l'Empire ottoman. Les femmes de sa famille gagnaient leur vie en disant la bonne aventure, en lisant dans les étoiles et en pratiquant des remèdes de « bonnes femmes ». Les hommes gagnaient la leur en élevant des chevaux, en organisant des courses et des combats. C'était la vie authentique des Gitans, qui a pris fin après la Première guerre mondiale quand le pouvoir politique de l'époque a déclaré hors la loi ce style de vie nomade.

J'ai pratiquement toujours vu Jeda vivre dans une hutte en torchis juste en dehors des colonies installées par le gouvernement et dans lesquelles la famille de mon père a vécu après la Guerre des six jours en 1967. Ce n'est que quand elle est tombée malade, un an avant de mourir, qu'elle a emménagé avec son fils cadet, mon grand-oncle. De sa hutte, Jeda pratiquait toute sorte de traditions que mon père, et jusqu'à un certain point sa fille aînée, ma grand-mère, considéraient ni plus ni moins que comme des superstitions. En tant que l'aînée des petites-filles de sa fille aînée, j'ai eu le privilège de connaître certains de ses secrets. Je pense qu'elle m'avait choisie en partie parce que ma mère était américaine et que je n'avais aucune famille qui puisse m'enseigner tout cela, de plus aucune de mes tantes n'était à l'époque suffisamment âgée pour avoir des enfants. C'est la coutume que le côté maternel de la famille se charge de l'éducation des enfants de sexe féminin. Mais comme la famille de ma mère vivait à des milliers de kilomètres de distance, il ne me restait que le côté paternel de la famille.

Certaines choses étaient considérées indispensables à l'éducation d'une fille. La plus importante concernait la façon de préparer convenablement une tasse de thé à la manière moyen-orientale. Venait ensuite, du moins selon Jeda, la façon de préparer une bonne potion ou une teinture de guérison. Même si elle disait toujours cela en riant, je prenais mes obligations au sérieux. Avant ma dixième année, je pouvais préparer le thé mieux qu'aucune de mes cousines et que deux de mes trois tantes. J'étais toujours très fière de les entendre dire que j'étais shatra (experte) dans ces tâches domestiques.

Une chose qui allait de pair avec la capacité de réussir une bonne tasse de thé était la lecture des feuilles de thé, compétence que j'étais déterminée à maîtriser surtout parce que mes tantes adoraient dire la bonne aventure à partir des feuilles du thé que je préparais. Pour moi la préparation du thé représente le point de départ idéal pour débuter la présentation d'une pratique magique, ensuite je vous proposerai un cours accéléré sur la lecture des feuilles de thé.

EXERCICE 4.1
Comment préparer une bonne tasse de thé (shay)

Il faut :

- *Au moins 15 minutes*
- *Une bouilloire en métal (en cuivre si vous avez)*
- *Du thé noir en vrac (1 cuillère à soupe pour une tasse d'environ 25 cl)*
- *Du sucre (selon votre goût)*

Remplissez la bouilloire avec de l'eau glacée et faites-la chauffer à feu doux. Ajoutez le sucre sans couvrir. Faites chauffer l'eau jusqu'à ce que la vapeur commence à sortir de la bouilloire. Ajoutez le thé en vrac.

Faites bouillir l'eau et retirez la bouilloire du feu. Laissez le thé reposer pendant au moins trois minutes avant de servir. Si vous avez l'intention d'utiliser les feuilles de thé pour en faire la lecture, n'utilisez pas de passoire ; versez simplement le thé dans la tasse.

Vous pouvez remplacer le thé noir par un mélange de thé si son goût vous déplait ou si le travail que vous faites requiert l'ajout d'une plante particulière.

L'utilisation du thé en magie est particulièrement efficace pour guérir ou attirer quelqu'un. Une variante utilisée par Jeda consistait à ajouter de la menthe ou de la sauge fraîche au moment de verser les feuilles de thé pour en renforcer la fonction curative. Pour guérir le rhume, elle ajoutait du miel et une tranche de citron que j'agrémente d'un peu de liqueur de cassis. Pour soigner les douleurs d'estomac, elle faisait infuser le thé avec du yansoon (anis) et du sucre. Pour soulager les douleurs menstruelles, elle préparait un thé à base de tiges de pissenlit ; c'est un thé amer dont je n'aime pas trop le goût, mais qui fonctionne bien.

Quand on utilise le thé à des fins magiques, il est préférable de le boire lentement, à petites gorgées tout en se concentrant sur l'intention du travail à faire.

EXERCICE 4.2
Lecture des feuilles de thé

Il vous faut :

- *Au moins 10 minutes*
- *Un thé préparé selon les instructions données dans l'exercice 4.1*

Buvez le thé à petites gorgées en vous concentrant sur la question pour laquelle vous attendez une réponse. Cette dégustation devrait prendre environ 10 minutes.

Quand vous avez terminé, il doit rester quelques feuilles de thé et un peu d'eau au fond de la tasse ; renversez- la d'un seul coup. Laissez la tasse reposer à l'envers sur une surface dure, une soucoupe par exemple, durant quelques minutes.

Pendant ce temps, concentrez-vous sur l'ouverture du troisième œil. Une fois qu'il est ouvert, concentrez-vous de nouveau sur la question pour laquelle vous attendez une réponse. Gardez cette question en tête pendant que vous retournez la tasse.

Observez les restes de thé avec votre troisième œil. Que voyez-vous ?

J'ai lu des livres sur la lecture des feuilles de thé et nombreux sont ceux qui proposent des explications préétablies pour les images observées mais, d'après mon expérience, il vaut mieux se concentrer sur la signification que ces images évoquent pour vous. C'est le genre de situation où il faut faire confiance à son instinct et il se trompe rarement.

Si vous envisagez de pratiquer la lecture des feuilles de thé, consignez vos réflexions dans un journal, comme je le fais, en indiquant :

- La date
- Le but de la lecture
- Ce que j'ai vu
- Mon interprétation

Je garde un peu d'espace au bas de la page pour inscrire le résultat obtenu une fois que j'ai la réponse à ma question.

Quand je fais infuser du thé pour un travail de magie, je termine par la lecture des feuilles de thé pour déterminer le cadre temporel au cours duquel le charme va opérer. C'est très facile à faire et ne requiert qu'un petit effort supplémentaire.

EXERCICE 4.3
Cadre temporel

Il faut :

Un thé préparé comme dans l'exercice 4.1

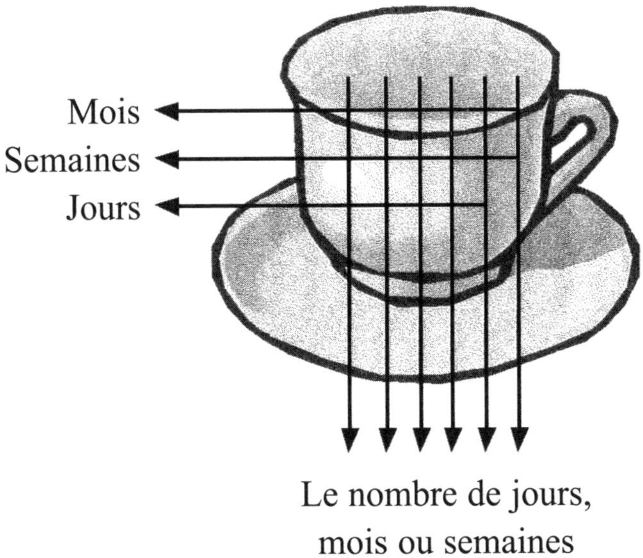

Pour cet excrcicc, je divise mentalement la tasse en trois niveaux et six sections :

Observez l'endroit où est déposée la majorité des feuilles pour avoir une idée assez exacte du délai nécessaire à la réalisation de l'enchantement. Je ne dépasse en général jamais le nombre 6.

C'est une technique particulièrement utile pour les débutants parce que l'existence d'un cadre temporel instaure des délais et évite donc de se dire trop vite que le travail ne marche pas ou que l'on a raté quelque chose.

Une de mes très proches amies est une grande spécialiste dans la création de superbes thés, teintures et breuvages. Elle cueille dans la nature la plupart de ses plantes et fait pousser le reste dans son jardin. J'ai énormément d'admiration pour elle et, un jour, quand j'aurai fini de courir à mille kilomètres heure, je pense suivre son exemple. Pour le moment, je me contente de m'approvisionner chez elle en grande partie. Dans certains cercles de magie, on est montré du doigt si on achète ses plantes, son thé, etc. Par choix personnel et par commodité, j'ai tendance à acheter ce dont j'ai besoin auprès de cette amie, qui habite à environ trois heures de route de chez moi. Elle a un site web sur lequel je peux passer commande mais à défaut, quand j'ai besoin de quelque chose immédiatement, je fais un saut dans la boutique ésotérique de mon quartier. Vous aurez tout intérêt à vous rendre dans une petite épicerie si vous recherchez des herbes fraîches (non séchées) que vous pourrez utiliser également dans la cuisine comme la menthe verte ou le basilic.

Si vous voulez faire votre thé vous-même, je vous conseillerais de choisir des plantes qui ont bon goût et qui se marient bien ensemble. Si vous êtes novice en la matière, vous pouvez vous procurer un herbier (livre qui décrit les propriétés des plantes et des herbes) pour vous assurer que votre thé est propre à la consommation.

Ce type de travail est parfait pour moi qui bois au moins une tasse de thé par jour donc je peux me préparer un nouveau mélange pour satisfaire ce besoin quotidien. Si vous n'aimez pas le thé, vous pouvez le remplacer par du café et préparer votre enchantement en même temps que votre café du matin. (Durant ma dernière période d'examen, j'ai trouvé que le café était un moyen très efficace pour augmenter la concentration).

EXERCICE 4.4
Charger du thé pour faire de la magie

Il faut :

Un thé préparé selon les instructions données dans l'exercice 4.1

Comme cet ouvrage vise à vous faire gagner du temps, pendant que le thé infuse, enracinez-vous et utilisez une des techniques pour élever l'énergie présentées dans le chapitre 2. Si vous le souhaitez, vous pouvez utiliser l'exercice 3.9 et réquisitionner le concours d'une énergie élémentale.

Portez votre attention sur la visualisation de l'énergie qui circule de vos mains à la théière en vous concentrant sur le souhait exprimé. Quand le thé est suffisamment chargé pour vous, débarrassez-vous du surplus d'énergie et enracinez-vous.

Buvez le thé de manière habituelle et suivez mentalement sa trajectoire de la gorge à l'estomac. Une fois digéré, visualisez l'énergie qui se diffuse à l'extérieur pour vous apporter ce dont vous avez besoin.

Ne chargez pas un thé que vous allez servir à quelqu'un d'autre. Vous ne devez pas utiliser un enchantement sur une personne sans son accord préalable ; ce serait violer sa confiance et cela vous apporterait du très mauvais karma.

Pour les teintures et les potions, la charge s'effectue pratiquement de la même manière : le travail de magie est terminé une fois que vous les avez ingérées. L'huile ne se consomme pas mais quand vous l'appliquez, suivez le même processus que pour le thé. Pendant l'absorption, visualisez l'huile qui diffuse l'énergie chargée vers l'extérieur pour vous apporter ce que vous désirez.

Si vous préparez du thé, une teinture, une potion ou de l'huile pour quelqu'un, dites à la personne de suivre les étapes de visualisation indiquées dans l'exercice, pour obtenir un effet optimal. La personne ajoutera ainsi sa volonté et son énergie personnelles à l'enchantement.

EXERCICE 4.5
Préparer une huile infusée

Il faut :

- *Une huile de base comme de l'huile d'olive, de jujube, d'amande ou de tournesol*
- *Des plantes à infuser*
- *Un récipient en verre transparent*
- *Le rebord d'une fenêtre ensoleillée*

Placez les plantes au fond du récipient en verre. Versez l'huile par-dessus, fermez bien le récipient et placez-le sur le rebord de la fenêtre pendant au moins une semaine. Un mois est préférable surtout si vous résidez dans un endroit peu ensoleillé.

Si vous prévoyez d'utiliser l'huile pour un travail de magie, visualisez chaque jour pendant quelques minutes, le soleil en train de charger l'huile d'énergie pour réaliser l'intention exprimée.

Une fois que l'huile a fini d'infuser, passez-la à travers une mousseline pour en retirer plantes et résidus.

Attention : Vous pouvez mélanger cette huile avec d'autres déjà préparées. Dans ce cas, assurez-vous qu'il s'agit bien de la même huile de base pour que le mélange huileux soit bien homogène. Prenez en compte non seulement les propriétés de vos plantes mais également celles de la base au moment de déterminer les ingrédients qui entreront dans la préparation de votre huile infusée.

Quand j'utilise de l'huile soit comme élément d'un travail ou comme travail à part entière, j'ajoute une dose supplémentaire d'énergie pour garantir un maximum d'efficacité à ce travail.

EXERCICE 4.6
Préparer une teinture

Il faut :

- *Une base d'alcool, comme du brandy, de la vodka, du scotch ou du whisky* (pas d'alcool à 90° ou tout autre alcool à usage externe)
- *Des plantes de votre choix*
- *Un récipient en verre hermétique*
- *Un lieu de conservation à l'abri de la lumière*

Mettez les plantes dans le récipient, ajoutez l'alcool, fermez hermétiquement et laissez la teinture macérer pendant au moins trois semaines dans un endroit frais et à l'abri de la lumière. Remuez la teinture tous les deux ou trois jours pour un maximum d'efficacité.

Une fois que la teinture est prête, filtrez les plantes à travers une mousseline et versez-la dans un autre récipient si vous le désirez.

Comme pour l'huile, prenez en compte l'intention de la teinture au moment de choisir la base d'alcool et les plantes.

J'aime bien me faire aider par les élémentaux de la terre quand je prépare mes teintures. Ces dernières sont alors bien plus puissantes que quand je les charge toute seule au moment de l'élaboration ou de la prise.

Une cuillère à café de plantes séchées est presqu'aussi efficace que le produit frais équivalent. Je préfère utiliser des plantes fraîches si possible mais le problème c'est qu'il en faut une quantité bien supérieure aux plantes séchées pour un résultat somme toute équivalent. C'est un facteur important surtout si vous disposez d'un petit récipient.

Si vous choisissez de faire sécher vos plantes vous-même, il serait judicieux d'investir dans l'achat d'un bon herbier qui vous expliquera la méthodologie à suivre pour différents types de plantes, de racines et de fleurs que vous souhaitez utiliser dans vos enchantements. Un petit truc : conservez les plantes qui sèchent dans un sac en papier brun et placez-les dans un endroit frais et sec. Si elles dégagent une odeur de moisi ou de poussière, elles sont gâtées et doivent être jetées.

Les huiles, teintures et thés sont largement utilisés en magie. Par exemple, l'huile peut servir à badigeonner une bougie ou un objet quelconque qu'on souhaite charger pour un travail de magie. Les teintures et les thés peuvent être ingérés comme enchantement ou à des fins de guérison. Si vous utilisez de l'huile de table (comme l'huile d'olive) et des plantes comestibles, vous pouvez également consommer les huiles que vous avez préparées. Les huiles, surtout celle à base de jujube, sont d'excellents remèdes qui peuvent également être utilisés sur le corps pour ouvrir les chakras. Les objets chargés d'une intention particulière sont souvent des aides très puissantes en magie. Pour réellement comprendre leur fonctionnement, utilisez-les dans divers enchantements. Comme point de départ, vous pouvez vous servir de l'exemple suivant.

Traitement curatif ordinaire

Préparez une huile avec une base de jujube, que vous faites infuser avec du camphre, du calendula et de la lavande en quantité égale. Chargez l'huile avec une intention de guérison. Pour ce faire, tenez l'huile dans votre main dominante et employez une des techniques pour élever l'énergie présentée au chapitre 2 ou la vôtre si vous préférez. Visualisez l'énergie canalisée en train de prendre l'apparence de la guérison – par exemple, j'associe la guérison à un bien-être, une diminution de la douleur, etc.

Ce qui est bien avec cette huile c'est que les plantes utilisées ont des propriétés curatives avérées ; même sans la charger elle fonctionne bien sur les irritations cutanées, les coupures et les brûlures bénignes. En application locale seulement.

Il est important de vous documenter avant de mélanger vos ingrédients. Si vous débutez dans le domaine des plantes et de leur utilisation sur le corps, commencez par consulter un ouvrage général sur les plantes. De là, vous pourrez expérimenter avec différentes plantes et trouver ce qui marche le mieux pour vous. Tenez un journal de ces expériences avec les détails des mélanges que vous avez faits, les doses de plantes utilisées et l'objectif du mélange.

Il existe bien d'autres talents dans l'escarcelle de l'enchanteur que la préparation d'une bonne huile ou d'une bonne teinture médicinale. Une des premières choses qu'on apprend en sorcellerie c'est le pouvoir d'allumer une bougie, savoir-faire mentionné dans 95 % des livres de magie que je possède. Comme notre propos n'est pas de parler de la magie des bougies, je n'entrerai pas dans les détails. Le principe de base est simple : charger une bougie d'une intention, allumer la bougie, diffuser l'intention.

La plupart des boutiques ésotériques vendent de petites bougies qui se consument en moins d'une heure. C'est une façon peu coûteuse et commode de pratiquer la magie des bougies sur une période de temps limitée.

EXERCICE 4.7
Utilisation simple de la magie des bougies

Il faut :

- *Une bougie et un bougeoir*
- *Des allumettes*

Pour charger une bougie, tenez-la dans votre main dominante. Selon vos besoins, utilisez une des techniques pour élever l'énergie présentée au chapitre 2. Vous pouvez également vous servir de l'exercice 3.9 et demander l'aide d'un élémental.

Une fois le niveau d'énergie élevé, concentrez-vous sur votre intention. Visualisez la bougie en train d'absorber l'énergie.

La prochaine étape est très importante : au moment d'allumer la bougie, visualisez cette même énergie se diffuser dans le monde extérieur à mesure que la bougie se consume.

Si possible, laissez la bougie brûler jusqu'à ce qu'elle soit complètement consumée. Autrement, mouchez la mèche.

Les bougies sont peu coûteuses et facilement disponibles même si on habite dans un lieu très isolé. Comme le thé, elles représentent un point de départ dans la pratique de l'apprenti-sorcier. Il existe de nombreuses méthodes de magie basées sur l'utilisation de bougies qui sont relayées dans les ouvrages spécialisés. Si vous voulez approfondir un peu le sujet, je vous recommande de jeter un coup d'œil à Advanced Candle Magick de Raymond Buckland (Llewellyn Publications, St. Paul MN 2002).

Un élément important de la magie des bougies concerne l'association de couleur, chaque bougie colorée représentant une émotion ou une énergie particulière. Les couleurs sont un bon raccourci mental pour le débutant, surtout si ce dernier utilise sa propre correspondance de couleurs plutôt que celles qui figurent dans la plupart des textes sur la magie des bougies. Les praticiens plus avancés se connecteront à l'énergie émotionnelle sans avoir besoin de s'appuyer sur une représentation physique.

EXERCICE 4.8
Créez votre propre correspondance de couleurs

Il faut :

- *20-30 minutes*
- *Du papier et un stylo*

Prenez quelques instants pour vider le mental en respirant profondément. Puis, faites venir une émotion comme pour l'exercice 2.1.

Pendant que vous vous reliez à cette énergie émotionnelle, essayez de la voir en couleur. Cet exercice sera plus facile pour les personnes qui ont l'habitude de visualiser ou qui ont un don pour voir l'aura et d'autres énergies. Si vous n'êtes pas très visuel, pensez à la couleur qui vous vient à l'esprit quand vous vous reliez à cette énergie-là. Notez ces associations dans votre journal ou votre livre des ombres.

Par exemple, quand je pense au sentiment de frustration, la première couleur qui me vient à l'esprit est une teinte vert foncé avec un peu de bleu. C'est la couleur qui m'arrive quand j'invoque l'émotion particulière liée au souvenir d'un moment d'extrême frustration. Quand vous créez vous-même un lien entre une couleur et une émotion qui vous est personnelle, ce lien sera beaucoup plus fort que si vous utilisez les correspondances de quelqu'un d'autre.

Même constat lorsqu'on utilise les couleurs pour représenter des choses matérielles comme l'argent par exemple. La plupart des livres vous diront d'utiliser le vert parce qu'aux Etats-Unis les billets sont de couleur verte. Ils ajoutent souvent que les plantes qui poussent sont vertes et que quand les agriculteurs vendent leurs récoltes ils ont de l'argent en retour. On pourrait très bien dire aux gens de penser à la couleur jaune car c'est la couleur de l'or dont la valeur actuelle est bien supérieure à celle du dollar. Donc le mieux c'est d'utiliser une association de couleurs qui vous parle personnellement.

Je déconseille fortement l'abus de bougies dans le travail de magie. C'est en grande partie pour cela que j'en parle en détail dans cette section et plus ponctuellement dans le chapitre 6. Lors de la préparation d'un charme, emprunté à un livre de magie ou rédigé par vous-même, prenez en considération la valeur de chaque ingrédient en fonction de l'intention donnée à votre charme. Si vous envisagez d'utiliser six bougies parce que chacune d'elle est censée représenter une émotion ou un désir, je vous suggérerais de n'utiliser qu'une seule bougie chargée de toutes ces émotions ou de tous ces désirs.

En plus des bougies magiques et des potions, il existe un autre type de magie tangible qui doit faire partie des connaissances de base d'un sorcier : la magie sympathique. Ce type de magie est derrière l'utilisation d'objets comme les poupées vaudou. Le travail de magie sympathique est très puissant ; on crée un objet pour en représenter un autre existant dans le monde réel, avec comme principe de base que ce qui est fait à l'un des deux objets se répercute sur l'autre. Dans bien des cas, il est recommandé d'ajouter quelques caractéristiques de l'objet original à celui utilisé dans l'enchantement. Cela renforce le lien entre l'objet sympathique et l'objet réel.

EXERCICE 4.9
Rudiments de magie sympathique

Il faut :

- *Du carton*
- *Du scotch*
- *Un stylo*
- *Des ciseaux*

Pour cet exercice, j'utiliserai le mot *figurine* mais il est important de se rappeler que ce travail de magie ne se borne pas à créer l'effigie d'une personne.

Si vous cherchez à affecter une personne en particulier, il faut trouver un objet qui lui appartienne pour le lier à sa figurine. Imaginons que la personne en question soit un nouvel amoureux potentiel, vous devez vous procurer quelque chose qui lui appartient ou qui le représente. Si vous avez l'intention de faire un enchantement pour attirer une énergie ou une situation particulière, vous devez en donner une représentation concrète. Soit la découpe d'une personne ou d'un cœur ou quelque chose de plus détaillé. Vous pouvez également vous contenter d'écrire vos intentions sur un morceau de carton si vous n'êtes pas très doué artistiquement.

Pour commencer, découpez une figurine relativement conforme à ce que vous recherchez, une silhouette humaine si vous voulez attirer ou repousser une personne en particulier ou un type de personne. Donnez à cette figurine le nom de l'objectif que vous vous êtes fixé, nouvel amour, par exemple, et écrivez-le dessus.

Utilisez les chutes du carton pour y découper la représentation de votre objectif, un cœur pour l'amour, ou écrivez simplement sur la figurine ce que vous souhaitez attirer ou repousser. L'écriture est une bonne méthode pour les débutants qui ont du mal à visualiser. Collez cette représentation sur votre figurine.

Utilisez l'une des techniques pour élever l'énergie vue au chapitre 2, ou une technique à vous, pour charger la figurine de votre intention. Dans le cas présent, vous pouvez visualiser une première rencontre avec votre nouvel amoureux ou la façon dont il vous fixera un rendez-vous galant.

Pour conclure l'enchantement, détruisez la figurine si vous cherchez à vous débarrasser de quelque chose dans votre vie. Au contraire s'il s'agit d'attirer quelque chose, conservez la figurine jusqu'à ce que l'enchantement se concrétise puis détruisez-la.

En magie sympathique, il existe de nombreuses variations que vous pouvez utiliser. Ne vous limitez pas à l'image préconçue, sombre et négative qui lui est attachée. Cette pratique n'est en elle-même ni bonne ni mauvaise ; comme dans toute forme de magie c'est l'intention présente dans le cœur de l'enchanteur qui compte. Les figurines et les reproductions ne constituent pas le seul matériel utilisé en magie sympathique. Dans ce type de travail, n'importe quel objet ayant appartenu à un individu fera l'affaire.

Mon arrière-grand-mère pensait que les mèches de cheveux coupés et les rognures d'ongles devaient être ramassées et brûlées pour éviter ce qu'elle appelait aienn el-shur. Littéralement «l'œil malfaisant » mieux connu sous le nom de mauvais œil. L'idée présente dans cette notion de mauvais œil est qu'une personne, motivée en général par la jalousie ou la haine, utilise quelque chose qui vous appartient pour vous nuire. Une version moins virulente connue sous le nom de aienn el-hassod, ou œil de la jalousie existe lorsqu'une personne que vous connaissez ou non est tellement jalouse de vous que ce sentiment se transforme en une malédiction destructrice à votre égard. Imaginons que vous soyez très beau physiquement et que l'autre personne soit jalouse de cette beauté. Cette malédiction diminuera votre beauté d'une façon ou d'une autre. Au Moyen-Orient, on pense que les enfants sont les cibles de prédilection de l'aieen el-hassod et qu'ils devraient être protégés. Cette protection prend deux formes habituelles : la lecture de certains vers du Coran et l'utilisation d'un hamsa, talisman ressemblant à une main tournée vers le bas avec au centre un œil en lapis et en turquoise. J'ai vu des boites placées sous des berceaux qui associaient les deux : les versets protecteurs étaient à l'intérieur et des dessins ou des découpes de la main étaient placés dessus.

Il existe un autre type de protection magique que mon arrière-grand-mère utilisait en dernier recours pour écarter ces deux formes de mauvais œil quand la personne était déjà affectée. D'après ce que j'ai entendu, il s'agissait à la fois d'un travail de protection de la personne et de destruction du mauvais sort. C'est une des formes de magie sympathique la plus chouette que je connaisse.

EXERCICE 4.10
Protection

Il faut :

- *Une mèche de cheveu, des rognures d'ongles* (ou une représentation des deux personnes)
- *Du carton*
- *Des ciseaux*
- *Du scotch*
- *Un marqueur noir*
- *Des allumettes ou un briquet*
- *Un chaudron ou un récipient résistant au feu*

Plier le carton en deux et découpez grossièrement avec vos ciseaux une silhouette humaine de façon à obtenir deux formes cartonnées identiques (nous les appellerons figurine 1 et figurine 2).

Voir en page suivante.

Dessin des deux silhouettes

Figurine 1

Ecrivez le nom de la personne que vous voulez protéger

Figurine 2

Ecrivez le nom de la personne qui vous a jeté le mauvais œil. Si vous ignorez son nom, indiquez simplement « jalousie » ou « mauvaises intentions ».

Scotchez la mèche de cheveux ou les rognures d'ongles (ou leur représentation) de la personne que vous essayez de protéger sur la figurine 1. Le lien sera plus fort et la représentation plus personnelle et plus puissante.

Faites des trous avec les ciseaux dans la figurine 2. Vous pouvez placer ces trous à des endroits symboliques ; s'il s'agit, par exemple, d'un problème de commérage, faites des trous au niveau de la bouche. Enfoncez-y la mèche de cheveux ou les rognures d'ongles (ou leur représentation) de la personne dont vous souhaitez vous protéger.

A cette étape du travail de magie, mon arrière-grand-mère avait pour habitude de réciter des versets du Coran pour la protection et contre le mal. Je procède un peu différemment. Tenez la figurine 2 dans votre main dominante et la figurine 1 dans la main qui reçoit. Fermez les yeux et visualisez l'énergie qui s'échappe de la personne qui vous a lancé le mauvais œil. Visualisez cette énergie qui passe par la figurine 2 et se neutralise avant de se transformer en énergie protectrice. Pendant ce temps, envoyez de l'énergie protectrice à la figurine 1. Ensuite, visualisez-la en train d'aspirer totalement la figurine 2, qu'elle ne soit plus qu'une coquille vidée de ses énergies ou intentions négatives. Pour conclure cette partie du travail, brûlez la figurine 2 dans le chaudron. Au verso de la figurine 1, écrivez une prière de protection et enterrez-la sur votre terrain. La prière écrite sur la figurine ci-dessous est la traduction de la bénédiction traditionnelle que Jeda plaçait au dos de ses propres figurines.

Insertion des deux figurines avec inscriptions sur la figurine 1

Figurine 1 recto Figurine 1 verso

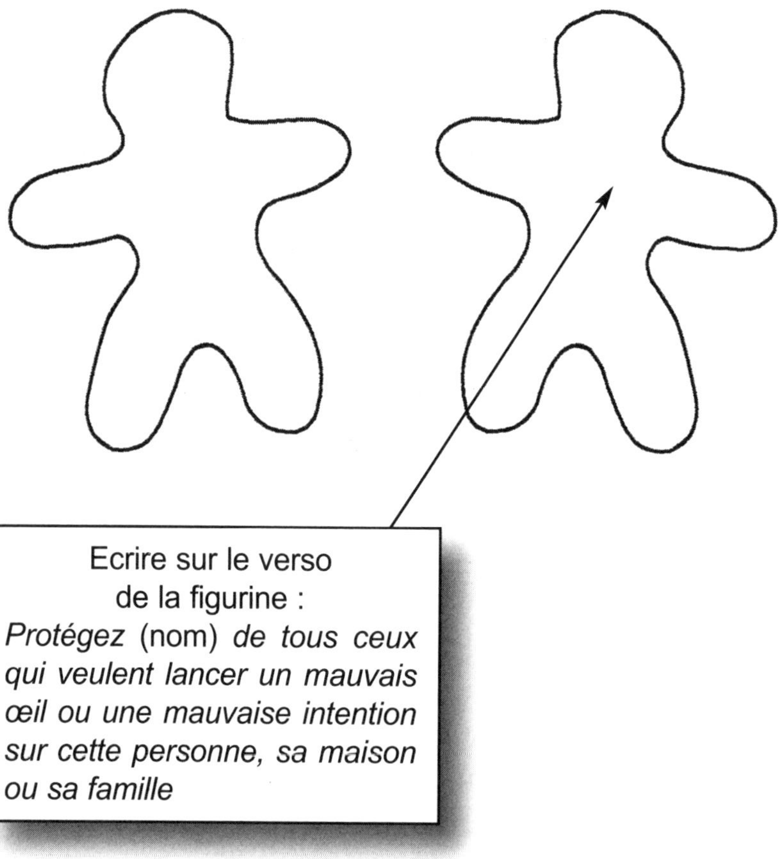

Il existe bien d'autres savoir-faire accessibles à l'enchanteur qui font appel à des objets. Ce chapitre avait pour objectif de vous fournir les concepts de base sur les possibilités qui s'offrent à vous. Dans le chapitre 6, nous reviendrons sur ce que nous avons appris dans ce chapitre-ci et nous verrons comment associer ces compétences à celles présentées dans les chapitres précédents ainsi qu'à celles que nous allons voir au chapitre 5. Apprendre comment associer toutes ces compétences fera de vous un enchanteur plus performant.

La série d'exercices précédente fait appel à des d'objets qui permettent de mieux se concentrer ou de mieux élever et diriger l'énergie. On peut adapter un grand nombre de ces techniques pour répondre aux besoins multiples et variés formulés dans le cadre d'un travail de magie. Sauf indication contraire, tous ces exercices ne devraient pas prendre plus de 10 à 15 minutes.

CHAPITRE

5

CONSTRUCTIONS MENTALES

LES CONSTRUCTIONS MENTALES SONT DES CREATIONS d'énergie pure qui s'appuient sur la volonté et la concentration. La finalité et la direction que peuvent prendre ces constructions dépendent des exigences du travail considéré. Dans ce chapitre, nous allons apprendre comment créer une construction mentale, comment l'utiliser, la détruire ou la réintégrer une fois le but atteint.

La façon la plus simple de décrire une construction mentale est d'en faire une démonstration. Fermez les yeux et canalisez suffisamment d'énergie pour former une petite boule qui va venir flotter au-dessus de la paume de main puis planer au-dessus du troisième œil. Choisissez ensuite où vous voulez l'envoyer ; soit dans un coin de la pièce ou peut-être en l'air jusqu'au plafond. Quand vous aurez fini de jouer avec l'énergie, ramenez-la vers vous et redirigez-la vers la terre. Vous venez de créer une construction mentale très contrôlée, qui est en fait un peu d'énergie dirigée par la volonté pour accomplir un objectif. En général, une construction ne requiert pas une attention constante ; une fois créée, il suffit de lui imposer sa volonté et de la laisser partir.

Nombreux sont ceux qui confondent ce type de construction avec des formes-pensées et, je pense qu'il s'agit essentiellement de la même chose. Quand les gens créent une forme pensée, ils le font en général en vitesse, sans réfléchir à ce qu'ils construisent ni pourquoi. Par exemple, une utilisation habituelle de la forme pensée est de demander à un esprit de protéger l'enchanteur, sa famille et peut-être son lieu de vie. Ce qui est négligé ici c'est la façon dont un esprit sans forme, dont le seul objectif est de « protéger », peut protéger tout le monde et la maison contre tout. Si vous vous rappelez les deux premiers chapitres de cet ouvrage, vous savez que ce n'est pas une bonne idée de donner des ordres vagues parce que si l'esprit protecteur arrive à vous protéger d'une coupure faite avec une feuille de papier, il pourrait bien laisser des voleurs sortir par la porte d'entrée avec sous le bras votre nouveau poste de télévision. C'est pour cela que je n'utilise pas le terme de « forme pensée ». Une construction mentale est une entité bien plus ciblée, chargée d'une tache spécifique pour une durée précise.

EXERCICE 5.1
Création d'une construction mentale autonome

Il faut :

10 minutes

Commencez par suivre les étapes décrites dans le chapitre 1 pour déterminer exactement la nature de votre intention. Choisissez une des techniques pour élever l'énergie présentée au chapitre 2.

Façonnez l'énergie que vous avez captée en une boule d'énergie, puis posez-la sur la paume de votre main dominante.

Visualisez ensuite la boule d'énergie qui se transforme pour prendre les caractéristiques de votre intention. Si vous êtes débutant, vous pouvez vous servir de l'exercice 2.1 ou 4.8. Quand vous avez terminé, donnez-lui un nom en fonction du type d'action que l'énergie est censée accomplir, par exemple indiquez « protection » à une énergie protectrice. Utilisez l'exercice 1.3 (mots déclencheurs) si cette partie vous pose problème.

Avant de relâcher cette énergie, communiquez avec elle en utilisant la technique de l'image mentale présentée dans l'exercice 3.2. Donnez-lui un cadre temporel et communiquez-lui exactement ce que vous voulez qu'elle fasse. Ce cadre temporel a deux raisons d'être. Tout d'abord, il ne faut pas que cette construction flotte au hasard une fois que l'objectif est atteint. Deuxièmement, il est important d'imposer des délais à la réalisation d'un objectif.

Quand vous relâchez votre construction mentale, visualisez un fil ténu qui vous relie. En vous concentrant, notez son élasticité, sa robustesse. Si l'objectif de cette construction se réalise avant les délais impartis, vous pourrez tirer le fil vers vous et la démonter.

Imaginons que votre intention soit d'éveiller en quelqu'un des pensées positives à votre égard ; l'énergie pourra se transformer en un papillon qui s'envole pour rejoindre la personne en question et lui murmurer à l'oreille de bonnes choses vous concernant. Si vous voulez que cette personne se montre favorable à votre égard dans le cadre d'un entretien d'embauche, fixez un cadre temporel de deux semaines pour ce travail. Ce délai devrait laisser suffisamment de temps à votre employeur potentiel pour passer en revue les autres candidats avant de prendre sa décision.

Dans l'exercice précédent, vous avez appris à créer une construction mentale simple et autonome. C'est le type de construction le plus fréquemment utilisé en magie. Il est facile à faire, possède un objectif précis et une durée de vie limitée dans le temps. Certaines situations exigent l'élaboration de constructions mentales plus complexes qui possèdent une durée de vie indéterminée et/ou qui sont conçues pour accomplir plus d'une tache.

EXERCICE 5.2
Construction mentale complexe

Il faut :

25 minutes

Prenez quelques minutes pour réfléchir à votre construction mentale, à son apparence, à ses caractéristiques. Si vous avez des dons artistiques, vous pourrez en faire un rapide croquis. Par exemple, si je préparais une construction mentale dans le but de protéger ma maison, je pourrais visualiser un grand berger allemand avec des griffes et des crocs puissants pour dissuader les intrus.

Passez en revue chaque partie de la construction jusqu'aux plus petits détails. Par exemple, mon berger allemand aurait une tache noire au-dessus du nez, une oreille cassée et l'autre dressée. Une de ses pattes arrière serait tachetée de noir et l'autre de brun. Il faut que vous ayez une image nette de votre future création.

Le processus de base pour créer une construction mentale est identique à celui présenté dans l'exercice 5.1. Une fois que vous avez canalisé l'énergie, la boule dans votre paume de main doit prendre les caractéristiques de votre intention.

Dans l'exemple ci-dessus, je pourrais visualiser l'énergie prenant les caractéristiques que j'associe à la fonction de protection. Mon berger allemand devra être assez costaud pour faire fuir les attaquants mais il devra également être doux et gentil avec mes amis et ma famille. Donc il faudra qu'il arrive à distinguer la nature des intentions des autres et agir en conséquence, d'où un minimum d'intelligence requis. Les caractéristiques que vous aurez élaborées devront correspondre parfaitement à votre construction.

Une fois que l'énergie a pris l'apparence souhaitée, visualisez la forme que vous voulez qu'elle adopte dans votre construction. Si vous êtes novice, je vous conseillerais de choisir un point de départ relativement simple pour cette visualisation, par exemple une oreille, plutôt que d'essayer de visualiser le visage ou le torse, ou quelque chose de détaillé et de compliqué.

Quand la construction est terminée, transmettez-lui votre objectif comme nous l'avons vu dans l'exercice 3.2 en gardant une image mentale de votre souhait que vous lui envoyez. Avant de la laisser partir, vous pouvez choisir de délimiter des confins géographiques ou lui attribuer certaines fonctions comme celles présentées dans l'exercice 5.1. Par exemple, je peux envoyer à ma construction du berger allemand son image en train de garder la porte d'entrée de chez moi pour en éloigner les intrus, avant de relâcher la construction pour qu'elle fasse son travail.

Plus vous mettez d'efforts dans la construction, plus elle sera complexe. Comme il est probable que vous allez la conserver pendant un certain temps, il est important d'en renforcer périodiquement la structure. Pour ce faire, visualisez-la en train de se dissoudre pour revenir à son état d'énergie initial. Prenez quelques instants pour puiser un supplément d'énergie qui sera absorbé par l'énergie de votre construction. Puis redonnez-lui la forme que vous lui aviez attribuée à l'origine.

Une erreur commune chez le débutant est de faire une création mentale et de la laisser partir, accidentellement ou sciemment, sans but ou sans limites bien établies. Dans les cas les plus extrêmes, ces constructions mentales peuvent se déchaîner et commencer à perturber la vie de l'enchanteur. Selon la quantité d'énergie présente et selon l'objectif initial de cette création, les effets peuvent être bénins ou destructeurs.

Au début de ma pratique, je me suis souvent exercée à fabriquer des constructions mentales avec une de mes amies. On pensait que c'était drôle de voir une représentation tangible créée à partir de l'énergie. Au début, tout s'est très bien passé jusqu'à ce que nos constructions commencent à voler de leurs propres ailes. Il a commencé par se produire de petites choses, le téléphone s'éteignait apparemment tout seul quand je voulais être tranquille. Ma voiture démarrait mais refusait de dépasser les 15 km/heure ; le problème cessait une fois chez le garagiste mais dès que je me remettais au volant, le même problème revenait. D'autres petits soucis comme la perte de courrier ont commencé à se produire assez régulièrement, non seulement pour moi mais pour ma camarade de chambre. Finalement, ne sachant plus à quel saint me vouer, j'ai sorti mes cartes de tarot et mon pendule dans l'intention de communiquer avec cette chose qui apparemment nous pourrissait la vie. Imaginez ma surprise quand j'ai découvert que les « êtres » responsables de cette série de mésaventures étaient les constructions mentales que nous avions élaborées. Apparemment, elles croyaient nous aider.

Une autre découverte surprenante est survenue au moment de démanteler ces constructions mentales que j'avais eu tant de mal à élaborer car aucune personne de ma connaissance ne savait le faire ou ne pouvait m'indiquer un livre pour m'aider. Frustrée, je suis finalement arrivée à une solution. Ces constructions étaient ma création et, par conséquent, je devais pouvoir les déconstruire de la même façon que je les avais assemblées.

EXERCICE 5.3
Déconstruire une construction mentale

Il faut :

10 minutes par construction que vous envisagez de déconstruire.

Si vous avez créé cette construction à partir de l'exercice 5.1, fermez les yeux et concentrez-vous sur le fil qui vous relie à elle et attirez-la vers vous.

Si vous ne vous êtes pas servi de l'exercice 5.1 ni de l'exercice 5.2, et que votre construction est déchaînée, allez vers un endroit où vous ressentez son énergie, celui où vous l'avez créée au départ fera l'affaire. Puis adaptez l'exercice 3.2 pour invoquer les élémentaux et utilisez-les pour appeler votre construction. En vous concentrant sur l'intention, passez de l'élémental à votre construction mentale.

Une fois que vous avez convoqué votre construction, visualisez des spirales d'énergie qui s'étendent de vous à elle. Puis voyez ces spirales se transformer en pailles avec lesquelles vous aspirez l'énergie que vous aviez donnée à la construction. A mesure que vous aspirez cette énergie, visualisez-la en train d'être absorbée par la vôtre ; à la fin, renvoyez l'énergie superflue dans la terre.

Maintenant que vous connaissez les bases de la construction et de la déconstruction d'une construction mentale, vous pouvez vous exercer dessus pendant un petit moment et apprendre à vous en servir à des fins différentes. Souvenez-vous simplement de noter les détails concernant les constructions que vous avez créées. Pour ma part, je note :

- La date de création
- L'objectif de la construction
- La durée ou le cadre temporel
- Le nom de la création (si je lui en ai donné un ; voir exercice 5.4)
- Le résultat

Il existe des constructions mentales tellement complexes qu'elles en deviennent presque conscientes. Leur élaboration exige beaucoup de temps, d'efforts et d'énergie et je ne les conseillerais pas à un novice. Bien que d'autres techniques énergétiques nécessitent une sorte d'étiquetage pour aider l'intention à se focaliser, seul ce type de construction reçoit un nom à part entière.

EXERCICE 5.4
Nommer une construction

Il faut :

10 minutes par jour pendant environ un mois

Le processus de base s'apparente à celui présenté dans l'exercice 5.2, avec deux différences majeures.

Vous devez passer au moins une semaine à rassembler de l'énergie pour votre construction. Si vous ne savez pas très bien comment retenir l'énergie, chargez-en un récepteur, par exemple une pointe de cristal de quartz incolore.

Une fois que vous aurez mobilisé suffisamment d'énergie, vous devez passer quelques jours à créer la personnalité de votre construction mentale. Ce type de construction est ce qu'il y a de plus conscient en termes de création énergétique. Pour moi, on dirait des androïdes dotés de caractéristiques identiques à celles de la conscience humaine. Leur degré de complexité dépend de la richesse de votre imagination. Visualisez l'énergie en train de prendre la forme choisie pour cette construction. Je me limiterais à la perception d'une caractéristique par jour jusqu'à l'obtention de la construction finale.

Par exemple, la construction à laquelle j'ai donné un nom que je préfère est celle d'un petit dragon qui s'appelle Bubba. Quand j'ai créé Bubba, je l'ai chargé des attributs suivants : ardeur, loyauté, ténacité, vigilance et protection. J'ai médité sur la signification de chacun de ces termes et à la manière dont ils pourraient collaborer à la construction en cours.

Une fois que la construction possède toutes les caractéristiques souhaitées, on passe à sa réalisation. Pour ce type de construction, je commence en partant de l'intérieur vers l'extérieur, c'est-à-dire des organes vers la peau. La formation d'éléments complexes comme le cœur et le cerveau peut prendre plusieurs jours. C'est donc une étape relativement longue et, si l'imagination vous fait défaut, n'hésitez pas à consulter un livre d'anatomie. Sachez, cependant, que vous n'êtes pas limité par les caractéristiques des êtres qui existent dans le monde physique. Dans cette construction, vous pouvez donner libre cours à votre imagination.

Pendant que vous travaillez sur la forme de votre construction, commencez à réfléchir au nom que vous allez lui donner. Vous pouvez vous servir de l'exercice 1.3 (mot déclencheur) pour créer un nom puissant et efficace qui devra représenter l'objectif de la construction mentale.

Nommez votre construction le jour où vous y apportez la dernière touche. Les noms sont quelque chose de très puissant car ce sont eux qui nous séparent du créateur et qui nous donnent la volonté d'agir. J'ai choisi celui de Bubba à cause de sa connotation fantaisiste et je voulais qu'il ait le tempérament joueur que j'associais à ce nom. En même temps, je voulais profiter de l'image stéréotypée associée à Bubba, celle d'un type costaud, très fort.

Mon Bubba fonctionne à la fois comme ami proche et protecteur. Il peut aussi être pénible car en bon noctambule, il avait l'habitude de s'amuser à poursuivre le chat de mon ancienne colocataire dans tout l'appartement. Mon objectif quand j'ai créé Bubba était de m'en servir comme barrière entre le monde des esprits et moi. Donc une partie de son travail consiste à prendre des messages pour moi. J'ai réfléchi à tout cela très sérieusement quand j'ai commencé le processus de création de Booba. J'ai mis un peu plus de deux mois à lui donner sa forme finale et à le nommer. Je le considère comme l'une des constructions mentales les plus complexes que j'aie jamais faites.

Nous venons de couvrir les aspects majeurs de la construction mentale. Il me reste juste un dernier commentaire à faire sur le processus de création avant de passer à l'étape suivante. La plupart des enseignants commencent par faire construire à leurs étudiants des constructions mentales inanimées et je suis contre. Selon moi, si on peut créer une boule d'énergie dans la paume de sa main, on est suffisamment avancé pour créer une construction mentale indépendante. Si, au contraire, l'on éprouve des difficultés à donner une forme à l'énergie, il est possible de s'entraîner sur une construction inanimée en premier avant d'enchainer sur quelque chose de plus complexe. Pour moi, la plupart des lecteurs qui sont parvenus à ce point-ci du livre ne sont pas concernés. Mais si, comme moi, vous aimez sauter des pages et que vous avez trouvé ce chapitre un peu trop compliqué, retournez au chapitre 2. Choisissez l'une des techniques pour élever l'énergie et entraînez-vous à lui donner une forme.

Une des histoires les plus connues de construction énergétique est celle de Philip. Dans les années 70, un groupe de personnes s'est réunie pour s'essayer à la médiumnité en contactant des fantômes ; le résultat fut Philip. Ce n'était pas un vrai fantôme mais plutôt un amalgame de créature réelle et fictive, fruit des intentions subconscientes émanant des membres du groupe. Cette histoire est restée célèbre à cause des cas répertoriés de phénomènes à distance qui se sont produits à la même époque au domicile des membres du groupe. Les contacts établis avec des fantômes entrainaient des phénomènes classiques comme la perception de coups frappés, de lumières clignotantes, d'objets qui se déplaçaient et lévitaient apparemment de leur propre fait. La méthode utilisée pour créer Philippe a été reproduite de nombreuses fois avec des résultats similaires.

Une construction mentale n'a de limites que celles que vous lui imposez. Au final, en tant que créateur, vous en avez le contrôle total. Il est très facile d'attribuer à sa construction une conscience et une puissance à part entière, surtout si elle a été nommée. Mais n'oubliez jamais que vous en êtes le créateur et qu'à ce titre vous avez la capacité de la détruire ou de la déconstruire à votre gré. La construction mentale est incapable de vous faire la même chose sauf si vous lui en donner la capacité. Rappelez-vous ce que Voltaire a dit : « Si Dieu nous a faits à son image, nous le lui avons bien rendu ». J'entends par là que vous ne devez créer un dieu que si c'est votre intention.

CHAPITRE

6

MISE EN COMMUN

FELICITATIONS ! VOUS ETES ARRIVE au dernier chapitre de ce livre, qui est aussi le plus complexe et le plus complet en matière de savoir-faire. Si vous voulez progresser dans votre pratique de la magie, il est essentiel que vous appreniez à assembler et à adapter le panel de savoir-faire présenté tout au long de cet ouvrage. Une fois que vous aurez maîtrisé les compétences présentées dans ce chapitre, vous serez déjà bien débrouillé pour pratiquer votre art dans n'importe quel milieu et avec très peu de préparation.

Lancer un enchantement est un talent dont la maîtrise nécessite du temps et des efforts. Contrairement à d'autres compétences, il faut savoir créer quelque chose à partir de rien en faisant intervenir la volonté. La plupart des pratiquants qui débutent ont du mal à réaliser que le pouvoir réside en eux-mêmes et non dans l'objet qu'ils utilisent. Je ne le dirai jamais assez : une bougie n'est ni plus ni moins qu'une bougie. Ce n'est qu'en y appliquant de la volonté et de l'énergie qu'elle peut changer de fonction.

Lorsque Jeda fabriquait des charmes ou pratiquait d'autres facettes de son art, elle me disait souvent que la source de ses pouvoirs venait du fait que les humains avaient été créés par le souffle d'Allah. Elle voulait dire que, puisqu'Allah avait modelé l'être humain à son image dans de l'argile et selon sa volonté, nous avons tous en nous une part de cette créativité divine. J'ai grandi en croyant que j'avais le pouvoir de créer la vie que je voulais mener, par le simple exercice de ma volonté. Cette croyance ne faisait pas bon ménage avec les autres aspects de l'idéologie islamique, particulièrement celle qui exige de se soumettre à la volonté des autres et donc à celle des hommes dans ma vie. En rejetant cette pensée, je signifiais mon désir de prendre le contrôle de ma propre vie.

En discutant avec les autres pratiquants au fil des années, j'ai découvert que, même si nous venions d'environnements différents, nous désirions tous la même chose au final, à savoir la quête du pouvoir et de l'autodétermination. Pour certains, cela se manifeste par l'adoption d'une idéologie opposée à celle véhiculée par leur éducation. Pour ma part, je me suis tournée vers la Wicca par opposition à l'un des principes de l'islam qui déclare que tout va bien jusqu'au jour où l'on commence à croire en plusieurs dieux.

Quand on rejette une certaine idéologie, on a tendance à rejeter tout ce qui va avec y compris les préceptes moraux avec lesquels on a grandi. En tant qu'enchanteur ou sorcier, c'est vous qui créez vos propres valeurs morales. C'est à vous de tracer les limites à ne pas dépasser. Pour certains, cela veut dire suivre le Rede (« fais ce qu'il te plaît tant que cela ne nuit à personne ») ou les préceptes d'une foi qui prône la non-violence. Pour d'autres, la réponse n'est pas aussi simple et ils choisissent d'être libres de toutes règles ou définitions morales imposées de l'extérieur. Ils savent bien que le Rede est une création relativement récente basée sur de vieux concepts. Quelle que soit la catégorie à laquelle vous appartenez, évaluez vos propres principes moraux avant d'entreprendre un travail de magie.

Je ne cherche pas à vous dictez votre manière de penser ou de pratiquer votre art. Seulement que le concept de bien et de mal existe. Les savoir-faire enseignés dans cet ouvrage prendront la direction que vous leur donnerez. J'introduis cette notion d'éthique à ce stade de notre discussion car la plupart des compétences à venir dans ce chapitre peuvent facilement être utilisées pour influencer négativement la vie des autres. C'est vous qui décidez, c'est vous qui avez le pouvoir de choisir quelle voie emprunter.

Dans le chapitre 5, nous avons longuement parlé des différentes constructions mentales et de leur mode de fabrication. Mais nous n'avons pas vraiment indiqué la manière de les utiliser. Je vous ai dit que l'étendue de vos pouvoirs n'est limitée que par votre imagination. La même chose s'applique concernant l'utilisation que vous pouvez avoir d'une construction mentale ou de l'énergie canalisée. Nous allons débuter notre présentation de cette mise en commun des différents savoir-faire en associant constructions mentales et magie sympathique. C'est une compétence terriblement difficile à maîtriser, c'est aussi l'une de mes préférées. Pour ce faire, vous devez apprendre deux choses au préalable : comment créer un objet d'ancrage (exercice 6.1) et comment le relier à une construction (exercice 6.2). De là, vous apprendrez dans l'exercice 6.3 comment ces deux compétences peuvent s'appliquer à la magie sympathique.

EXERCICE 6.1
Créer un objet d'ancrage

Il faut :

- *10 minutes*
- *Un cristal de quartz transparent qui tient dans la paume de main*

Tout pratiquement peut servir d'objet cible. Les cristaux fonctionnent particulièrement bien parce qu'ils vibrent à une fréquence qui leur est propre quand ils entrent en contact avec l'énergie. Ressentir la vibration d'autres objets exige une écoute plus poussée.

Tenez le cristal dans la main dominante. Attendez quelques instants avant d'ouvrir le chakra mineur de la paume de main. Lorsque le cristal entre en contact avec ce chakra ouvert, ressentez la vibration spécifique du cristal.

Utilisez une des techniques pour élever l'énergie présentée au chapitre 2 et mettez un peu de cette énergie dans le creux de la main qui reçoit. Concentrez-vous sur la vibration du cristal que vous tenez dans la main dominante et visualisez l'énergie de la main réceptrice qui se met au même niveau vibratoire que celui du cristal.

Rassemblez cristal et énergie en ramenant la main qui reçoit au-dessus de la main dominante. Laissez le cristal absorber l'énergie. A mesure que l'énergie est absorbée, visualisez l'énergie qui transforme le cristal en objet d'ancrage. En ce qui me concerne, je sens l'objet cible devenir très lourd et très dense. Quand le cristal a absorbé le maximum d'énergie, relâchez toute énergie résiduelle et prenez un moment pour vous enraciner.

Une variante de cette technique peut être utilisée comme un merveilleux charme d'attirance. Au lieu de visualiser l'énergie en train de transformer le cristal en objet d'ancrage, visualisez-le qui prend la forme d'un aimant qui attire le type d'énergie que vous souhaitez avoir dans votre vie : argent, amour, etc.

EXERCICE 6.2
Relier la construction à un objet d'ancrage

Il faut :

- *10 minutes en plus du temps nécessaire pour créer la construction mentale*
- *Un cristal ou tout autre objet pouvant servir d'ancrage*

Commencez par construire l'objet d'ancrage en suivant les instructions de l'exercice 6.1.

Suivez la démarche présentée dans l'exercice 5.1 ou 5.2 pour créer votre construction jusqu'à l'étape finale avant la diffusion de l'objet, juste au moment de créer le lien entre vous deux. Au lieu de relier l'objet à vous, visualisez-le en train de s'ancrer au cristal. Renforcez la connexion entre l'objet d'ancrage et la construction mentale en lui disant qu'elle peut utiliser l'énergie contenue dans l'ancrage si elle a besoin d'aide pour accomplir sa tâche.

Vous comprendrez facilement que vous pouvez relier pratiquement tout type d'énergie à un ancrage, y compris des êtres d'énergie comme les fantômes et les élémentaux. Mais ne le faites qu'en dernier recours et après mûres réflexions. Contrairement à une pratique impliquant une construction créée dans un but bien précis et que vous contrôlez parfaitement, vous n'exercez qu'un contrôle partiel sur une énergie consciente. Si elle ne souhaite pas coopérer avec vous, vous aurez du mal à la relier à un objet d'ancrage. Dans tous les cas, ce genre de pratique si elle n'est pas étudiée soigneusement peut vite dériver vers une magie aux résultats funestes.

EXERCICE 6.3
Niveau supérieur de magie sympathique

Il faut :

- *15 minutes*
- *Le matériel présenté dans l'exercice 4.9*

Commencez par rassembler le matériel nécessaire présenté dans l'exercice 4.9. Puis suivez les étapes décrites dans le chapitre 1 pour déterminer exactement ce que vous voulez accomplir dans ce travail.

Créez les représentations suivant les instructions données dans l'exercice 4.9, comprenant la charge d'un objet avec une intention et l'utilisation d'une représentation tangible. Puis appuyez-vous sur l'exercice 6.1 pour transformer l'objet en un objet d'ancrage.

Créez une construction mentale selon l'exercice 5.1 ou 5.2 et associez-la à l'objet d'ancrage.

Au moment de créer votre construction mentale, si vous cherchez à influencer une personne en particulier gardez l'image de la personne présente à l'esprit et associez ses caractéristiques à cette construction. Il n'est pas nécessaire de penser à toutes les caractéristiques possibles, concentrez-vous seulement sur les aspects que vous cherchez à influencer. Par exemple, si vous essayez de changer quelque chose de particulier chez cette personne, visualisez la modification de certains traits de caractère que vous n'aimez pas ou ajoutez-en de nouveaux.

Si vous créez une construction dans le but d'attirer des circonstances particulières dans votre vie, visualisez leur concrétisation. Par exemple, si votre objectif est d'obtenir un nouveau travail, vous pourriez visualiser la remise d'une lettre d'embauche.

Si vous créez une construction pour vous débarrasser de quelque chose qui vous dérange dans la vie, visualisez comment serait votre vie sans ce poids. Par exemple, si vous voulez vous débarrasser d'un colocataire pénible, vous pourriez visualiser le ressenti que vous éprouveriez à vivre dans un endroit paisible et propre, débarrassé de cette personne.

Une fois la construction reliée à un objet d'ancrage, suivez les dernières instructions données dans l'exercice 4.9 concernant la marche à suivre avec la représentation ou l'objet d'ancrage.

Il s'agit là d'une technique avancée très puissante. Faites-en un usage modéré et avisé.

Cette technique particulière inclut de nombreuses variantes que vous pouvez utiliser. Pour ma part, je m'en suis servi une fois lors de l'envoi de mon CV ; j'ai chargé ma construction de façon à ce qu'elle influence positivement mes employeurs potentiels à mon égard. J'ai également utilisé une variante de cette technique pour lier un objet que j'ai offert en cadeau à une personne dont je sollicitais l'aide dans un projet. La charge de ma construction avait pour objectif de faire changer d'avis la personne au sujet du projet. Dans une autre variante, j'ai ancré une construction mentale à une statue de Bastet, la déesse égyptienne à tête de chat, que j'avais rapportée lors d'un de mes derniers voyages en Egypte. La construction incorpore de nombreuses caractéristiques ainsi que l'apparence physique de Bastet et elle diffuse une énergie protectrice sur toute ma maison. La construction nichée au sein de sa représentation est pour moi une garantie qu'aucun intrus ou personne malintentionnée ne pénétrera chez moi.

L'utilisation de ces compétences n'a de limites que celles imposées par l'imagination, qui peuvent être de nature créative et morale. Si vous croyez au plus profond de vous que ce que vous faites est mal et que vous devriez être puni pour cela, vous créez une intention de punition. J'admets bien volontiers placer des limites sur ma propre pratique mais je le fais volontairement et non par manque d'aptitude. Pour m'en assurer, j'utilise le terme « ne pas vouloir » plutôt que « ne pas pouvoir ». La notion de choix est ce qui différencie ces deux expressions. En disant je ne veux pas m'engager dans un certain type d'action, je demeure en contrôle de la situation et de ses conséquences. Si je dis que je ne peux pas, je délègue ce contrôle à une force extérieure. Souvenez-vous des leçons du chapitre 1 sur la nécessité de réfléchir à la nature de vos réponses dans n'importe quelle situation donnée. En tant que sorciers, nous nous tournons instinctivement vers une solution magique alors que ce n'est pas toujours nécessaire. Prenez le temps de penser avant d'agir ou vous pourriez faire plus de mal que de bien.

Communiquer une pensée ciblée à un objet chargé avant de la transcrire sur papier peut s'avérer une méthode magique puissante, efficace et facile à mettre en place : tout ce qu'il vous faut c'est un stylo et du papier.

EXERCICE 6.4
Envoyer de l'énergie pour concrétiser un objectif

Il faut :

Un stylo et du papier

Asseyez-vous dans un endroit confortable où vous ne serez pas dérangé. Chargez le stylo en utilisant la technique présentée dans l'exercice 2.7.

Une fois que le stylo est chargé comme vous le souhaitez, commencez à écrire. Concentrez-vous et écrivez vos besoins sur le papier tout en visualisant l'énergie qui circule du stylo aux mots que vous écrivez. Tout le long du processus, voyez l'énergie se diffuser vers l'extérieur pour vous apporter ce que vous voulez. Débarrassez-vous du morceau de papier comme il vous plaira ; pour ma part, je préfère le brûler ou l'enterrer. Quand vous avez fini, diffusez l'excédent d'énergie dans la terre.

Une variante de cet exercice consiste à laisser les mots absorber l'énergie au lieu de la diffuser. Cette variante représente un parfait enchantement de protection. Vous pouvez placer le papier chez vous, soit dans un cadre ou sur votre autel, ou vous pouvez le porter directement sur vous pour une protection accrue. Pensez à remplacer ou à renforcer la charge des mots régulièrement pour garantir l'efficacité du charme.

EXERCICE 6.5
User de son influence (idéal quand on a affaire à l'administration)

Il faut :

2 minutes

Attirez l'énergie dans la paume de votre main droite, puis laissez-la s'accumuler dans le creux de la main. Pendant ce temps, concentrez-vous pour que l'énergie prenne les caractéristiques que vous souhaitez que cette personne adopte à votre égard : empathie pour votre problème, désir de vous aider à trouver une solution, etc. Avant tout, faites en sorte que cette personne soit sur la même longueur d'ondes que vous.

Quand vous allez rencontrer la personne en question, arrangez-vous pour la toucher avec votre main dominante. Si vous êtes droitier, serrez-lui la main ; si vous êtes gaucher, placez la main gauche sur son épaule – au risque d'avoir l'air trop amical. Lors de ce contact, faites circuler votre énergie en direction de votre interlocuteur. Visualisez la circulation d'énergie du point de contact en allant vers le haut pour atteindre à la fois le cœur et la tête.

Cette technique est plus efficace si vous l'utilisez avant d'affronter une personne que vous savez difficile à aborder mais ça marche aussi de façon impromptue. Il y a trois ans, le lendemain de Thanksgiving, je devais reconduire mon frère à la fac de Ann Arbor. J'habitais encore à Grand Rapids et il fallait trois heures pour faire le trajet, donc j'avais 6 heures de route devant moi. Je conduisais un peu trop vite pour gagner quelques minutes sur le temps de trajet. J'avais oublié que le secteur juste à la sortie de Brighton était le lieu d'embuscade préféré des gendarmes. Autrement, j'aurais ralenti ou pris le temps de fabriquer un charme de séduction. Au lieu de cela, j'ai été sommée de m'arrêter sur le bas-côté.

Assise au volant, j'attendais l'arrivée du gendarme. A mesure qu'il s'approchait, je me demandais ce que je pouvais faire pour éviter une contravention.

Le gendarme m'a demandé de présenter les documents habituels, permis de conduire, attestation d'assurance ainsi que la carte grise. Quand je lui ai tendu mes papiers, j'ai canalisé un peu d'énergie dans leur direction et j'ai ajouté la pensée suivante : « Tu ne vas pas mettre une amende à cette pauvre fille le lendemain de Thanksgiving, elle a l'air gentil, elle est loin de chez elle, laisse-la partir avec un avertissement. » J'avais les mains qui tremblaient à cause de toute l'énergie que j'avais canalisée et parce que je n'avais pas eu le temps de m'enraciner. Je n'ai pas cherché à discuter avec le gendarme, il a pris mes papiers et a rejoint son véhicule. J'étais toujours assise au volant avec mon frère qui me disait que j'aurais pu au moins essayer de parlementer pour éviter l'amende.

Quelques minutes plus tard, le gendarme est revenu et m'a demandé : « vous avez déjà eu une amende ? ». Comme je lui répondais que non, il m'a regardé et a ajouté : « Ok, je vous laisse partir pour cette fois mais à l'avenir faites davantage attention à la limitation de vitesse. » Alors qu'il rejoignait son véhicule, j'ai poussé un profond soupir à la fois parce que j'étais soulagée et aussi pour diffuser l'énergie accumulée en moi. Pendant tout le reste du trajet jusqu'à Ann Arbor mon frère s'est plaint que les filles ne recevaient jamais d'amende et que ce n'était pas juste, parce qu'un mois plus tôt il en avait eu une de 200 dollars pour excès de vitesse sur cette même portion de route. Je me suis contentée de lui dire : « c'est sans doute mon jour de chance. »

C'est vraiment une technique très simple : je l'utilise quand j'ai affaire à des gens qui me donnent du fil à retordre, comme les gendarmes sur la route, le bureau des bourses à la fac, le tribunal et dans toute situation de tracasseries administratives.

Il existe bien d'autres façons d'utiliser les constructions mentales dans un travail de magie. Les exercices précédents ont été conçus pour vous donner les bases sur lesquelles construire et développer votre propre pratique. N'oubliez pas que ce que vous faites peut avoir des conséquences imprévues. Mêmes les meilleurs sorciers dotés d'un sens aigu de l'organisation ne peuvent anticiper toutes les conséquences de leurs enchantements. C'est la raison pour laquelle de nombreux pratiquants se plaignent souvent de conséquences inattendues, de charmes qui n'ont pas fonctionné comme prévu ou qui ont complètement raté. Les étapes successives présentées dans cet ouvrage vous permettront d'éviter les écueils les plus communs qui débouchent sur des résultats négatifs.

EPILOGUE

JE FONDE L'ESPOIR QUE LA LECTURE de cet ouvrage vous aura apporté des savoirs et des savoir-faire qui vous feront évoluer dans votre travail d'enchanteur. L'écriture est un outil pédagogique limité parce qu'il est difficile d'évaluer les compétences et les besoins de chaque apprenant. Je suis fermement convaincue que la capacité à utiliser la magie fait partie intégrante de l'être humain. Vos compétences ne sont limitées que par les barrières que vous vous imposez.

L'imagination est le seul obstacle à la création. Sortez des sentiers battus, parce que c'est seulement là que vous atteindrez le maximum de vos capacités.

Avec tous mes vœux de succès,

Mya

APPENDICE : MODÈLE À SUIVRE POUR LA RÉALISATION D'UN ENCHANTEMENT

Partie A : préparation

Identifier l'objectif du charme :

....

....

....

....

Volonté :

....

....

Cible :

....

Mot cible sur lequel articuler le travail :

....

Outils éventuels dont vous auriez besoin :

....

....

....

....

Partie B : le travail de magie

Identifier les savoir-faire à mettre en œuvre :

....

....

....

....

Techniques pour élever l'énergie :

....

....

Objets à charger :

....

....

....

....

Comment relier les compétences à l'objectif de la démarche entreprise ?

....

....

....

....

Partie C : consignation des résultats

Le travail a-t-il été un succès ?

....

....

....

....

Quand la réalisation de l'objectif a-t-elle eu lieu ?

....

....

....

....

La réalisation était-elle conforme aux attentes ?

....

....

....

....

Utiliscrez-vous cette démarche de nouveau ?

....

....

....

....

TABLE DES MATIERES

www.editions-labussiere.fr

Achevé d'imprimer par
l'Imprimerie France Quercy, 46090 Mercuès
N° d'impression : 31916 - Dépôt légal : décembre 2013

Imprimé en France